Ọkọwaokwu
Igbo Ụmụaka

Igbo Dictionary
for Children

by

Yvonne Chịọma Mbanefo

Learn Igbo Now
www.LearnIgboNow.com

LEARN IGBO NOW

www.LearnIgboNow.com
www.IgboDictionaryforChildren.com

British Library Cataloguing in Publication Data available

ISBN 978-0-9934286-2-3 Paperback
ISBN 978-0-9934286-1-6 Ebook (Kindle)

To
God
Almighty,
Chukwu okike,
for making
it possible.
To my
best friend,
husband
and first editor
Afam Udoka,
for the sheer love,
inspiration and support.
And to our children
Zina, Ọzọbịa and Chikwe,
who started me on this path
by asking for books in
Igbo language.
Daalụ.

Contents

Acknowledgements

I wish to thank the following people for inspiring me, the knowledge and help in creating this dictionary:

Viv Oyolu *(www.vivoyolu.com)*, who kept pushing me and giving me super constructive feedback, 24/7 throughout the entire process.

Ron Wheeler *(www.cartoonworks.com)* who instantly gave me access to some of his superb illustrations once I explained what I wanted to do.

Bruce Jones *(www.brucethebookguy.com)*, my publishing mentor, who helped me set up the initial layout and guided me though the book layout process, packaging and marketing.

Maazị M O Ene, for giving his invaluable support, time and advice during the proofreading stage. He guided me in the often conflicting areas of grammar and concatenation. Deeme unne shinne mụ!

The **Core Team** and **Members** of the Igbo dictionary group on Facebook, who have contributed so much to the Kwado Igbo dictionary project *(www.kwadoigbo.com)*. We have had so much fun creating new words and we are tirelessly working towards creating a very modern and comprehensive Igbo dictionary.

My parents, **Chief Richard Neife** and **Nọnọ Mary Joan Adamma Tagbo**, and my grandparents **Nze Nicholas Amadị** and **Lọlọ Cordelia Ahụrụole Nwachukwu-Udakụ**. They helped me build that initial interest in speaking, reading and writing in Igbo language .

My late father-in-law, **Sir Godfrey Obierika Mbanefo**, who used to challenge me to practice speaking straight Igbo without adding any word of English. And my late mother-in-law, **Lady Uju Christina Mbanefo**, with whom I had so many conversations about Igbo words and Igbo culture.

Mrs Patience Ugo Okogeri, my secondary school Igbo teacher, who I reconnected with after so long. She gave me immense moral support in writing this dictionary and guided me in recalling my earlier knowledge in Igbo grammar.

Preface for Teachers and Parents

Ọkọwaokwu Igbo Ụmụaka is a modern and simple dictionary to help children (and maybe adults!) acquire essential Igbo language skills. It is particularly useful for 6 year olds and above.

The vocabulary includes words from computing and everyday modern life. Some dialectical variations have also been added. The Igbo alphabet is also shown on every page, with the current letter in bold.

Special attention has been given to the images and example sentences in order to help children understand difficult words and provide them with the right context. The sentences have been written in natural, simple Igbo to make it easy for anyone to understand.

This dictionary is an invaluable tool for children in the classroom and home, as well as children who live both inside and outside of Igboland.

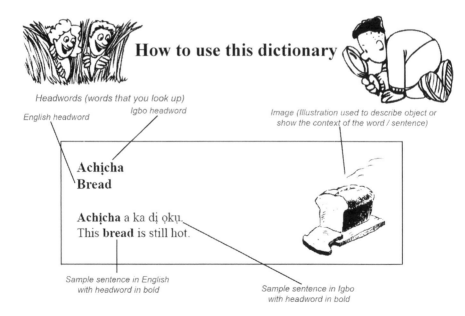

How to use this dictionary

Headwords (words that you look up)

English headword

Igbo headword

Image (Illustration used to describe object or show the context of the word / sentence)

Achịcha
Bread

Achịcha a ka dị ọkụ.
This **bread** is still hot.

Sample sentence in English with headword in bold

Sample sentence in Igbo with headword in bold

Aa

Abalị / Abanị
Night

Ọnwa pụtara n'**abalị** taa.
The moon appeared this **night**.

Abịdịị
Alphabet

A chọrọ m ịmụta **abịdịị** Igbo.
I want to learn the Igbo **alphabet**.

a
b
ch
d
e
f

Abịrịka / Ogede
Plantain

Ghee **abịrịka** ndị a.
Fry these **plantains**.

A B CH D E F G GB GH GW H I Ị J K KP KW L M N Ń
NW NY O Ọ P R S SH T U Ụ V W Y Z

7

Abọtaata
Carrot

Azụtara m **abọtataa** abụọ.
I bought two **carrots.**

Abụ
Armpit

Abụ m anaghị esi isi.
My **armpits** are not smelly.

Abụzụ
Cricket

Abụzụ na-ele gị anya.
The **cricket** is looking at you.

Achara
Bamboo

Achara juru ebe a.
There are lots of **bamboo** here.

A B CH D E F G GB GH GW H I Ị J K KP KW L M N Ń
NW NY O Ọ P R S SH T U Ụ V W Y Z

Achịcha
Bread

Achịcha a ka dị ọkụ.
This **bread** is still hot.

Achịcha awaị
Sandwich

Achịcha awaị a ga-ezuru anyị.
This **sandwich** will be enough for us.

Achịcha nduku
French fries / Chips

Kaịto na-ata **achịcha nduku**.
Kaịto is eating some **french fries**.

Achịcha ọka
Cereal

Ịfedị na-eri **achịcha ọka** ugbu a.
Ịfedị is eating some **cereal** now.

A B CH D E F G GB GH GW H I Ị J K KP KW L M N Ń
NW NY O Ọ P R S SH T U Ụ V W Y Z

Achịcha ọkpọọ / Mgbadoume
Cookies / Biscuit

A tara m **achịcha ọkpọọ** abụọ.
I ate two **cookies**.

Achịcha ụtọ
Cake

Achọrọ m ịta **achịcha ụtọ** a.
I want to eat this **cake**.

Áfọ́
Stomach / Tummy

Awọ na-afịọ aka n'**afọ** ya.
The frog is rubbing his **tummy**.

Áfọ̀
Year

Taa bụ mbido **afọ** ọhụụ.
Today is the start of a new **year**.

A B CH D E F G GB GH GW H I Ị J K KP KW L M N Ń
NW NY O Ọ P R S SH T U Ụ V W Y Z

Afọaka
Biceps

Afọaka Ngoli buru ibu.
Ngoli's **biceps** are big.

Afụọnụ
Beard / Moustache

Afụọnụ Nnaekeresimesi dị ọcha.
Santa's **beard** is white.

Aga
Needle

Nye m **aga** na eriri.
Give me a **needle** and thread.

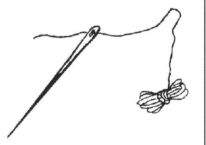

Agadi
Old

Agadi nwaanyị a bụ ezigbo mmadụ.
This **old** woman is a good person.

A B CH D E F G GB GH GW H I Ị J K KP KW LM N Ń
NW NY O Ọ P R S SH T U Ụ V W Y Z

Agba
Colour

Agba okpu a amasịghị m.
I don't like the **colour** of this hat.

Agba
Chin

Nnenna tinyere aka n'**agba**.
Nnenna put her hand on her **chin**.

Agbamakwụkwọ
Wedding / Marriage ceremony

Taa bụ ụbọchị **agbamakwụkwọ** ha.
Today is their **wedding** day.

Agbọghọ
Young lady

Zinachịdị aghọọla nwa **agbọghọ**.
Zinachidi has turned into a **young lady**.

A B CH D E F G GB GH GW H I Ị J K KP KW L M N Ń
NW NY O Ọ P R S SH T U Ụ V W Y Z

Agụ
Leopard / Tiger

Agụ a ji nwayọ aga ije.
This **leopard** is walking quietly.

Agụba
Shaving Razor

Nna m zụtara **agụba** ọhụụ.
My father bought a new
shaving razor.

Agụiyi
Crocodile / Alligator

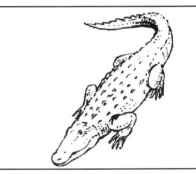

Aguiyi a na-ezu ike.
This **crocodile** is resting.

Agụụ
Hunger / Hungry

Agụụ na-agụ nkịta a.
This dog is **hungry**.

A B CH D E F G GB GH GW H I Ị J K KP KW L M N Ń
NW NY O Ọ P R S SH T U Ụ V W Y Z

Agwa
Beans

Adamma ga-esi **agwa** taa.
Adamma will cook **beans** today.

Agwọ
Snake

Agwọ a toro ogologo.
This **snake** is long.

Aha
Name

Aha nwoke a bụ Neife.
This man's **name** is Neife.

Ahịa
Market / Store / Shop

Amadị na-ere nri n'**ahịa**.
Amadị sells food at the **market**.

A B CH D E F G GB GH GW H I Ị J K KP KW L M N Ń
NW NY O Ọ P R S SH T U Ụ V W Y Z

Ahịhịa
Grass

Ehi a na-ata **ahịhịa**.
This cow is eating **grass**.

Ahịrị
Line

Ha kwụ n'**ahịrị**.
They are standing in **line**.

Ahụekere
Peanut / Groundnut

Onye nwe **ahụekere** a?
Who owns these **peanuts**?

Aja
Sand / Soil

Nke a bụ **aja** anyị ji egwu egwu.
This is the **sand** we use for playing.

A B CH D E F G GB GH GW H I Ị J K KP KW L M N Ń
NW NY O Ọ P R S SH T U Ụ V W Y Z

Aka
Hand

Anyị ji **aka** anyị ejide ịhe di iche iche.
We use our **hands** to hold different things.

Akamere
Artificial / Manmade

Kaịra nyere m okooko **akamere**.
Kaịra gave me **artificial** flowers.

Akamụ
Pap / Cream of corn or maize

Akamụ na-amasị Obierika nke ukwu.
Obierika likes **pap** a lot.

Akaọkpọ
Fist / Clenched fist

Ifechukwu fụrụ **akaọkpọ**.
Ifechukwu clenched his **fist**.

A B CH D E F G GB GH GW H I Ị J K KP KW LM N Ń
NW NY O Ọ P R S SH T U Ụ V W Y Z

Ákàrà / Ákàlà
Sign / Symbol

Nke a bụ **akara** ịfụnanya.
This is the **sign** for love.

Àkàrà
Beancake

Ebube tara **akara** abụọ.
Ebube ate two **beancakes**.

Akaraigbe
Square

Nwabụeze sere **akaraigbe** n'ala.
Nwabụeze drew a **square** on the floor.

Akị / Akụ
Nut

Akị a si n'osisi daa.
This **nut** fell from the tree.

A B CH D E F G GB GH GW H I Ị J K KP KW LM N Ń
NW NY O Ọ P R S SH T U Ụ V W Y Z

Akịoyibo / Akụoyibo
Coconut

Akịoyibo na-amasị anyị niile.
We all like **coconuts**.

Àkpà
Bag

Akpa m na-acha ọcha.
My **bag** is white.

Ákpā
Beetle

A hụrụ m **akpa** a n'ezi.
I saw this **beetle** outside.

Akpaajị
Sack

Akpaajị a juru n'ọnụ.
This **sack** is filled up.

A B CH D E F G GB GH GW H I Ị J K KP KW L M N Ń
NW NY O Ọ P R S SH T U Ụ V W Y Z

Akpaazụ
Backpack / Rucksack

Akpaazụ a bụ nke m.
This **backpack** is mine.

Akpị
Scorpion

Akpị gbara ya na mkpịsịaka.
A **scorpion** stung her on the finger.

Ákpụ̀
Bump / Swelling

Nnukwu **akpụ** dị Chinedu n'isi.
A big **bump** is on Chinedu's head.

Ákpụ́
Cassava

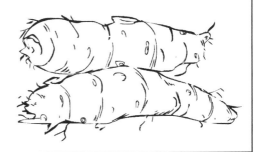

Ndị Igbo na-akọ **akpụ**.
Igbo people plant **cassava**.

A B CH D E F G GB GH GW H I Ị J K KP KW L M N Ń
NW NY O Ọ P R S SH T U Ụ V W Y Z

Ákpụ̀
Knot

Biko tọghee **akpụ** dị n'ụdọ a.
Please loosen the **knot** on this rope.

Akpụụkwụ / Akpụkpụụkwụ
Shoe

Achọtala m **akpụụkwụ** m.
I have found my **shoes**.

Akụkọ
Story

Ọzọ na-agụ **akụkọ** na-atọ ọchị.
Ọzọ is reading a funny **story**.

Akụkọifo
Folktale / Fairytale

Nnaochie na-akọrọ anyị **akụkọifo**.
Grandad is telling us a **folktale**.

A B CH D E F G GB GH GW H I Ị J K KP KW L M N Ń
NW NY O Ọ P R S SH T U Ụ V W Y Z

Akụpe
Fan

Ị gbajiela **akụpe** Nwamgbọ.
You have broken Nwamgbọ's **fan**.

Akụpe eletiriki
Electric fan

Akụpe eletiriki a na-eme oke mkpọtụ.
This **electric fan** is making a lot of noise.

Àkwà
Bed

Akwa ọhụụ Ọzọbịa mara mma.
Ọzọbịa's new **bed** is beautiful.

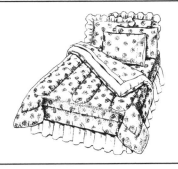

Ákwá
Cry

Enyi na Jakị na-ebe **akwa**.
The elephant and the donkey are **crying**.

A B CH D E F G GB GH GW H I Ị J K KP KW L M N Ń
NW NY O Ọ P R S SH T U Ụ V W Y Z

Àkwá
Egg

Akwa a akụwaghịị.
This **egg** didn't break.

Ákwà
Cloth / Fabric

Lee udi **akwa** ha zụtara.
Look at the type of **cloth** they bought.

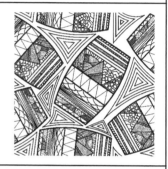

Akwamkpuchi
Curtain / Drapes / Blinds

Onye zụtara ọmalịcha **akwamkpuchi** a?
Who bought these beautiful **curtains**?

Akwammiri
Towel

Akwammiri m dere ede.
My **towel** is wet.

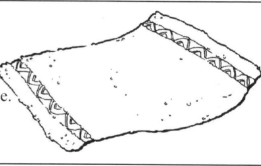

A B CH D E F G GB GH GW H I Ị J K KP KW LM N Ń
NW NY O Ọ P R S SH T U Ụ V W Y Z

Akwaọkụ
Light bulb

Ebee ka ị chọtara **akwaọkụ** a?
Where did you find this **light bulb**?

Akwaọmụma
Wrapper / Sarong

Neto na-ele **akwaọmụma** ọhụụ ọ zụtara.
Neto is looking at the new **wrapper** she bought.

Akwaọnya
Bandage / Plaster

Akwaọnya juputara Ikechi n'ahụ.
There are **plasters** all over Ikechi's body.

Akwụ
Nest

Akwụ a dị n'elụ osisi.
This **nest** is on top of a tree.

A B CH D E F G GB GH GW H I Ị J K KP KW L M N Ń
NW NY O Ọ P R S SH T U Ụ V W Y Z

Akwụkwọ
Book

Ana m agụ oke **akwụkwọ**.
I read a lot of **books**.

Akwụkwọ
Paper

Akwụkwọ ahụ na-achọ ifefu.
That **paper** is about to fly away.

Akwụkwọakụkọ
Storybook

Ọluchi họtara **akwụkwọakụkọ** nke taa.
Ọluchi chose the **storybook** for today.

Akwụkwọ ozi
Newspaper

Nke a bụ **akwụkwọ ozi** nke taa.
This is today's **newspaper.**

A B CH D E F G GB GH GW H I Ị J K KP KW L M N Ń
NW NY O Ọ P R S SH T U Ụ V W Y Z

Akwụkwọmposi
Toilet roll / Tissue

Akwụkwọmposi a dara n'ala.
This **toilet roll** fell on the floor.

Akwụkwọndụ
Leaf / Green leaf

Ebee ka ị hụrụ **akwụkwọndụ** a ?
Where did you see this **leaf** ?

Akwụkwọnri
Vegetable

Akwụkwọnri dị anyị mma n'ahụ.
Vegetables are good for our bodies.

Akwụkwọnsọ
Bible / Holybook

Ogbonna na-agụ **akwụkwọnsọ**
ya ụbọchị ọbụla.
Ogbonna reads his **bible** everyday.

A B CH D E F G GB GH GW H I Ị J K KP KW L M N Ń
NW NY O Ọ P R S SH T U Ụ V W Y Z

25

Ala
Ground / Land / Floor

Maazị Nkịta na-egwu **ala**.
Mr Dog is digging the **ground**.

Amaegwuriegwu
Playground / Park

Anyị nọ n'**amaegwuriegwu**.
We are at the **park**.

Anaghị
Is not

Nkụ a **anaghị** anyị arọ.
This firewood **is not** heavy.

Anụ
Meat

Nna m anaghị ata **anụ**.
My father doesn't eat **meat**.

A B CH D E F G GB GH GW H I Ị J K KP KW L M N Ń
NW NY O Ọ P R S SH T U Ụ V W Y Z

Anụmanụ
Animal

Gịnị ka **anụmanụ** ndị a na-eme?
What are these **animals** doing?

Anụọkụkọ
Chicken

I nwere ike ịnyetụ m **anụọkụkọ** m ga-ata?
Can you give me some **chicken** to eat?

Anwansị
Magic

Nwoke a na-eme **anwansị**.
This man makes **magic**.

Anwụ / Anyanwụ
Sun

Anwụ na-acha.
The **sun** is shining.

A B CH D E F G GB GH GW H I Ị J K KP KW L M N Ń
NW NY O Ọ P R S SH T U Ụ V W Y Z

Anwụnta
Mosquito

A hụrụ m otu **anwụnta** ugbua.
I saw a **mosquito** now.

Anwụrụọkụ
Smoke

A na m ahụ **anwụrụọkụ**.
I can see **smoke**.

Anya
Eye

Meghee **anya** gị.
Open your **eyes**.

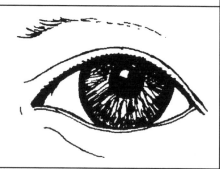

Anyammiri
Tears

Anyammiri na-apụta Anọzie n'anya.
Tears are coming out of Anọzie's eyes.

A B CH D E F G GB GH GW H I Ị J K KP KW L M N Ń
NW NY O Ọ P R S SH T U Ụ V W Y Z

Anyanwụ / Anwụ
Sun

Anyanwụ nke taa adịghị oke ọkụ.
Today's **sun** is not too hot.

Anyị
We

Anyị na-enwe aṅụrị.
We are having fun.

Anyụ
Pumpkin

Anyụ a buru ibu.
This **pumpkin** is big.

Anyụmmiri
Watermelon

Anyụmmiri a tọrọ ụtọ.
This **watermelon** is delicious.

A B CH D E F G GB GH GW H I Ị J K KP KW L M N Ń
NW NY O Ọ P R S SH T U Ụ V W Y Z

Anyụnda
Cucumber

Anyụnda abụọ ka ọ nyere m.
She gave me two **cucumbers**.

Aṅara
Garden egg / Eggplant /
Aubergine

Saa otu **aṅara**.
Wash one **garden egg**.

Arịa
Bucket

Arịa m anaghị ehi ehi.
My **bucket** isn't leaking.

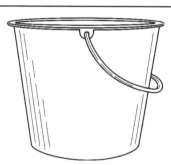

Arụrụ
Ant

Arụrụ a dị oji.
This **ant** is black.

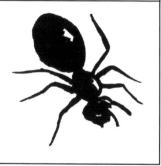

A B CH D E F G GB GH GW H I Ị J K KP KW L M N Ṅ
NW NY O Ọ P R S SH T U Ụ V W Y Z

Asambodo
Certificate

Chikwe ji **asambodo** e nyere ya.
Chikwe is holding the **certificate** given
to him.

Asọmmiri / Asọ
Saliva

Nwa Nkechi gbụsara **asọmmiri** n'uwe Ada.
Nkechi's baby spilled **saliva** on Ada's dress.

Asọmpị
Competition / Tournament

Ebube ga-emeri **asọmpi** a.
Ebube will win this **competition**.

Asụsụ
Language

Nna m na-akuziri m **asụsụ** Igbo.
My father is teaching me Igbo
language.

A B CH D E F G GB GH GW H I Ị J K KP KW LM N Ń
NW NY O Ọ P R S SH T U Ụ V W Y Z

Atịtị / Unyi
Dirt

Ka m sachapụ **atịtị** dị na ntutu m.
Let me wash off the **dirt** in my hair.

Atụ
Chewing stick

E ji **atụ** edowe eze ọcha.
Chewing sticks are used to keep the teeth clean.

Atụ
Gazelle

Anyị hụrụ **atụ** taa.
We saw a **gazelle** today.

Atụbekee
Toothbrush

Kamsi ji **atụbekee** saa eze ya.
Kamsi brushed his teeth with a **toothbrush**.

A B CH D E F G GB GH GW H I Ị J K KP KW L M N Ń
NW NY O Ọ P R S SH T U Ụ V W Y Z

Atụrụ
Sheep

Atụrụ a na-ele Ọbịageli anya.
This **sheep** is looking at Ọbịageli.

Avarangidi
Blanket / Duvet / Comforter

Avarangidi a dị ọhụụ.
This **blanket** is new.

Awarauzọ
Path

Naanị anyị na-aga n'**awarauzọ** a.
We are the only ones walking along
this **path**.

Awọ
Toad

Obi dị **awọ** a mma.
This **toad** is happy.

A B CH D E F G GB GH GW H I Ị J K KP KW L M N Ń
NW NY O Ọ P R S SH T U Ụ V W Y Z

Ayọrọ
Cowrie

Mgbe ochie, e ji **ayọrọ** eme ego.
In olden times, **cowrie shells** were
used as money.

Azịza
Broom

Azịza a dị ọhụụ.
This **broom** is new.

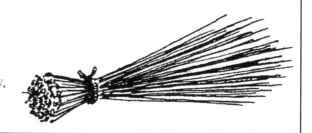

Azụ
Back

Chịọma gara onwe ya mbọ n'**azụ**.
Chịọma scratched herself on the **back**.

Azụ
Fish

Azụ a meghere ọnụ ya.
This **fish** opened its mouth.

A B CH D E F G GB GH GW H I Ị J K KP KW LM N Ń
NW NY O Ọ P R S SH T U Ụ V W Y Z

34

Azụzụ
Catarrh / Cold

Azụzụ na-eme Dozie.
Dozie has a **cold.**

Bb

Baa mba
Scold / Shout at

Nne ya na-abara ya **mba**.
Her mother is **scolding** her.

Banye
Enter

Ka anyị **banye** n'ime ụlọ.
Let's **enter** inside the house.

A **B** CH D E F G GB GH GW H I Ị J K KP KW L M N Ń
NW NY O Ọ P R S SH T U Ụ V W Y Z

Basaa
Wide

Akwa Nkechinyere **basa**ra abasa.
Nkechinyere's bed is **wide**.

Bata
Come in / Enter

Onye na-akụ n'ụzọ? **Bata!**
Who is knocking on the door? **Come in!**

Bee akwa
Cry

Adaeze na-**ebe akwa.**
Adaeze is **crying**.

Bee
Cut

Were mkpa **bee** mpempe akwụkwọ ahụ.
Use scissors to **cut** that piece of paper.

A **B** CH D E F G GB GH GW H I Ị J K KP KW L M N Ń
NW NY O Ọ P R S SH T U Ụ V W Y Z

Bekee / Onye ọcha
White person / Caucasian

Kedụ ihe nwanyị **bekee** ahụ na-aṅụ?
What is that **white** woman drinking?

Berie
Chop / Cut

Eji m mma **berie** anụ.
I used a knife to **cut** the meat.

Bi
Live

Azụ na-e**bi** na mmiri.
Fishes **live** in water.

Bịa
Come

Nwada Iko sị ya **bịa**.
Miss Cup told him to **come**.

A **B** CH D E F G GB GH GW H I Ị J K KP KW LM N Ń
NW NY O Ọ P R S SH T U Ụ V W Y Z

Bido
Start

Ka anyị **bido** isi nri ugbua.
Let us **start** cooking now.

Biko
Please

Nkịta a na-ayọ anyị **biko**.
This dog is saying **please**.

Bie ọma
Hug / Embrace

Mazị Izu achọghị ka e bie ya **ọma**.
Mr Izu doesn't want to be given a **hug.**

Bịrịbịrị
Sweet

Achịchaụtọ a na-atọ oke **bịrịbịrị**.
This cake is too **sweet**.

A **B** CH D E F G GB GH GW H I Ị J K KP KW L M N Ń
NW NY O Ọ P R S SH T U Ụ V W Y Z

Bolombolo
Balloon

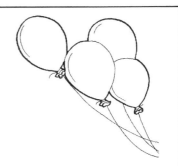

Otu **bolombolo** efefuola.
One **balloon** has flown away.

Bọọlụ
Ball

Anyị achọtala **bọọlụ** Chikwe.
We have found Chikwe's **ball**.

Bọsaa
Scatter

Nkịta **bọsara** akwụkwọ m niile.
The dog **scattered** all my books.

Bu
Carry

Ebere **bu** ite n'isi ya.
Ebere is **carrying** a pot on her head.

A **B** CH D E F G GB GH GW H I Ị J K KP KW LM N Ń
NW NY O Ọ P R S SH T U Ụ V WYZ

Bụ
Is

Ndidi **bụ** onyeigbo.
Ndidi **is** an Igbo person.

Buru ibu
Big / Enormous

Akwụkwọ Udoka **buru ibu**.
Udoka's book is **big**.

CHch

Chabie
Cut

Maazị Chikwendụ, biko **chabie** eriri ahụ.
Mr Chikwendụ, please **cut** that string.

A **B CH** D E F G GB GH GW H I Ị J K KP KW L M N Ń
NW NY O Ọ P R S SH T U Ụ V W Y Z

Chara
Ripe

Unere ndị a **chara** ọfụma.
These bananas are very **ripe**.

Chee
Think

Ka m **chee** ihe m ga-eme.
Let me **think** of what to do.

Chee nche
Guard

Nkịta nọdụrụ ala ka ọ **chee nche** n'ụlọ.
This dog sat down to **guard** the house.

Chefuo
Forget

Agụụ mere m jiri **chefuo** aha m.
Hunger made me **forget** my name.

A B **CH** D E F G GB GH GW H I Ị J K KP KW L M N Ń
NW NY O Ọ P R S SH T U Ụ V W Y Z

Chekeleke / Ọsọefi
Egret

Anyị anaghị ahụkarị **chekeleke** ebe a.
We don't always see **egrets** here.

Chere
Wait

Chere ka Obi bịa kọrọ gị akụkọ.
Wait for Obi to come and tell you
the story.

Chezọọ
Forget

Ekwela ka m **chezọọ** ya.
Don't let me **forget** it.

Chị ọchị
Laugh

Chidị mere ihe ha ji a**chi ọchị**.
Chidị did something that is making
them **laugh**.

A B **CH** D E F G GB GH GW H I Ị J K KP KW L M N Ń
NW NY O Ọ P R S SH T U Ụ V W Y Z

Chịkọọ
Gather

Eji m otu aka **chịkọọ** eriri bolombolo ndị a.
I used one hand to **gather** these balloon strings.

Chilie
Raise

Ọnweghị onye gwara Chizara **chilie** ụkwụ ya.
Nobody told Chizara to **raise** her legs.

Chịnchị
Bed bug

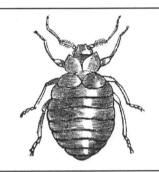

Etu a ka **chịnchị** na-adị.
This is what a **bed bug** looks like.

Chịneke
God

Chịneke hụrụ anyị n'anya.
God loves us.

A B **CH** D E F G GB GH GW H I Ị J K KP KW L M N Ń
NW NY O Ọ P R S SH T U Ụ V W Y Z

43

Chọghị
Doesn't want

Ọ **chọghị** ka a gbaa ya ntụtụ .
He **doesn't want** to be given an injection.

Chọọ
Look for / Search for

Chọọ ịchaka n'ime iko.
Look for the rattle inside the tin.

Chọọ mma
Decorate

Ọ gwara Obinna **chọọ** ụlọ ha **mma**.
He told Obinna to decorate their house.

Chọtara
Found

Nkịta **chọtara** ọkpụkpụ.
The dog **found** a bone.

A B **CH** D E F G GB GH GW H I Ị J K KP KW L M N Ń
NW NY O Ọ P R S SH T U Ụ V W Y Z

Chụọ ọsọ
Chase

Chụọ ya **ọsọ** ka ị nwee ike jide ya.
Chase him so that you can catch him.

Dd

Daa jụụ
Quiet

Ọzọbịalụ chọrọ ka ebe niile **daa jụụ.**
Ọzọbịalụ wants everywhere to be
quiet.

Danye
Fall into / Fall inside

A chọghị m ka anụ awaị **danye**
n'ime ọkụ.
I don't want the sausages to **fall into**
the fire.

A B **CH D** E F G GB GH GW H I Ị J K KP KW L M N Ń
NW NY O Ọ P R S SH T U Ụ V W Y Z

Dapụ
Fall off

Ekwela ka achịcha ọkpọọ gị **dapụ**.
Don't let your biscuits **fall off.**

Dara ada
Fell down

Nwa **dara ada** ugbua.
The baby **fell down** just now.

Dee akwa
Iron clothes

Onyeisi gwara Nkiru ya **dee akwa**.
The boss told Nkiru to **iron clothes**.

Dee
Write

Dee aha gị .
Write your name.

A B CH **D** E F G GB GH GW H I Ị J K KP KW L M N Ń
NW NY O Ọ P R S SH T U Ụ V W Y Z

Deeme
Good Job / Well done

Deeme! Ị gbara oke mbọ.
Good job! You have worked very hard.

Dere ede
Wet

Akpụụkwụ Somto **dere ede.**
Somto's shoes are **wet.**

Detụ ọnụ
Taste

Detụ nrị a **ọnụ**, ka ị mara ma ọ dị ụtọ.
Taste this food, so that you will know if it is delicious.

Dị
Is

Nri a **dị** ọkụ.
This food **is** hot.

A B CH **D** E F G GB GH GW H I Ị J K KP KW L M N Ń
NW NY O Ọ P R S SH T U Ụ V W Y Z

Di
Husband

Ndidi na **di** ya gara Lagos.
Ndidi and her **husband** went to Lagos.

Dibiaoyibo / Dọkịta
Doctor

Obierika gara ịhụ **dibiaoyibo**.
Obierika went to see the **doctor**.

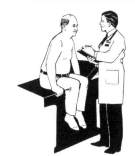

Dike
Hero

Maazi Nkịta bụ oke **dike**.
Mr Dog is a super **hero**.

Dina ala
Lie down

Ha gwara ọkụkọ ya **dina** ala.
They told the hen to **lie down.**

A B CH **D** E F G GB GH GW H I Ị J K KP KW L M N Ń
NW NY O Ọ P R S SH T U Ụ V W Y Z

Dinta
Hunter

Kenechukwu bụ **dinta**.
Kenechukwu is a **hunter**.

Dịtụ ọkụ
Warm

Aka Chịdịebere **dịtụ ọkụ**.
Chịdịebere's hands are **warm**.

Dọbie
Cut

Ụdọ a **dọbie,** aga m ada.
If this rope **cut**s, I will fall.

Dọkaa
Tear / Rip / Shred

Dọkaa mpempe akwụkwọ m nyere gị.
Tear the piece of paper I gave you.

A B CH **D** E F G GB GH GW H I Ị J K KP KW L M N Ń
NW NY O Ọ P R S SH T U Ụ V W Y Z

49

Dọkịta
Doctor

Ike agwụla **dọkịta** a.
This **doctor** is tired.

Dọọ
Pull

Ha gwara Onyebuchi **dọọ** ụdọ ahụ.
They told Onyebuchi to **pull** the rope.

Dọpụtara
Pulled out

Nkịta **dọpụtara** akpụụkwụ n'ime
olulu.
The dog **pulled** the shoe **out** of the hole.

Dupuo
Pierce

Bolombolo a achọghị ka a **dupuo** ya.
This balloon doesn't want to be **pierce**d.

A B CH **D** E F G GB GH GW H I Ị J K KP KW LM N Ń
NW NY O Ọ P R S SH T U Ụ V W Y Z

Ee

Ebe
Beetle

Ebe ndị a na-akpa nkata.
These **beetle**s are having a conversation.

Ebee
Where

Ebee ka Maazị Mbe na-ezu ike?
Where is Mr Turtle resting?

Ebili mmiri
Tornado

Ebili mmiri na-emebi ọtụtụ ihe ma ọ bịa.
Tornadoes spoil a lot of things when they come.

A B CH D **E** F G GB GH GW H I Ị J K KP KW L M N Ń
NW NY O Ọ P R S SH T U Ụ V W Y Z

Ebiogwu
Porcupine

Anyị hụrụ **ebiogwu** taa.
We saw a **porcupine** today.

Ebu
Wasp

Ebu na-atụ m ụjọ.
I am scared of **wasps**.

Ebune
Ram

Ebune na-eji isi ha alụ ọgụ.
Rams fight with their heads.

Echi
Tomorrow

Anyị ga-aga njem ezumike **echi**.
We will go on holiday **tomorrow**.

A B CH D **E** F G GB GH GW H I Ị J K KP KW L M N Ń
NW NY O Ọ P R S SH T U Ụ V W Y Z

Ederi
Candle

Ederi a na-agbaze.
This **candle** is melting.

Ediụra
Civet

Ediụra na-arahụkarị ụra n'ehihie.
The **civet** always sleeps during the day.

Eee
Yes

Nne azụ zara Nna azụ "**Eee**".
Mother fish answered father fish "**Yes**".

Efere
Plate

Nri agwụla n'**efere** m .
The food on my **plate** has finished.

A B CH D **E** F G GB GH GW H I Ị J K KP KW LM N Ń
NW NY O Ọ P R S SH T U Ụ V W Y Z

53

Égbè
Gun

Egbe na-atụ m ụjọ.
Guns scare me.

Égbé
Hawk

Nku **egbe** siri ike.
The **hawk**'s wings are strong.

Egbeigwe
Thunder

A na m anụ ụda **egbeigwe**.
I can hear the sound of **thunder.**

Egbugbere ọnụ
Lips

Gịnị ka ọ tere n'**egbugbere ọnụ** ya?
What did she rub on her **lips**?

A B CH D **E** F G GB GH GW H I Ị J K KP KW L M N Ń
NW NY O Ọ P R S SH T U Ụ V W Y Z

Ego
Money

Ha nwere ọtụtụ **ego**.
They have a lot of **money**.

Egwe
Fence

Azụbụike na-aruzi **egwe** ya.
Azụbụike is mending his **fence**.

Egwu
Dance

Ha maara agba **egwụ**.
They know how to **dance**.

Egwu
Music

Madụka na-akpọ **egwu** taa.
Madụka is playing **music** today.

A B CH D **E** F G GB GH GW H I Ị J K KP KW L M N Ń
NW NY O Ọ P R S SH T U Ụ V W Y Z

Egwu
Scare/ Fear

Egwu na-atụ Kenechukwu.
Kenechukwu is **scared**.

Egwuruegwu
Playing

Ha na-egwu **egwuruegwu**.
They are **playing**.

Egwuruegwu
Sports

Aha udi **egwuruegwu** a bụ bọọlụ
mpịafe.
The name of this kind of **sport** is tennis.

Egwurugwu
Rainbow

Egwurugwu pụtara ugbu a.
A **rainbow** appeared now.

A B CH D **E** F G GB GH GW H I Ị J K KP KW L M N Ń
NW NY O Ọ P R S SH T U Ụ V W Y Z

Ehi
Cow / Cattle

Ehi a nwere nnukwu mpi.
This **cow** has big horns.

Ehihie
Afternoon

Neife na-arahụ ụra **ehihie**.
Neife is having his **afternoon** nap.

Ejima
Twins

Ifeọma na Ifeatụ bụ **ejima**.
Ifeọma and Ifeatụ are **twins**.

Ejuna / Eju
Snail

Ejuna anaghị agasi ike.
Snails don't move fast.

A B CH D **E** F G GB GH GW H I Ị J K KP KW L M N Ń
NW NY O Ọ P R S SH T U Ụ V W Y Z

Ekene Ekeresimesi
Merry Christmas

Anyị bịara izi ụnụ ozi **ekene ekeresimesi**.
We came to wish you a **merry christmas**.

Ekene ncheteọmụmụ
Happy Birthday

Onye ọbụla gwara Anozie "**Ekene ncheteọmụmụ**".
Everyone told Anozie "**Happy Birthday**".

Ekeresimesi
Christmas

Echi bụ ụbọchị **ekeresimesi**.
Tomorrow is **christmas** day.

Ekike
Clothes / Outfit / Attire

Ha kere **ekike** e jiri mara obodo ha.
They are dressed in their traditional **clothes**.

A B CH D **E** F G GB GH GW H I Ị J K KP KW L M N Ń
NW NY O Ọ P R S SH T U Ụ V W Y Z

58

Ekpere
Prayer

Ekpere dị mkpa.
Prayers are important.

Eku
Ladle

Eku a dị ọcha.
This **ladle** is clean.

Ekwe
Slit Drum

A maara m akụ **ekwe**.
I know how to play the
slit drum.

Ekwentị
Cell phone / Mobile phone

Ekwentị Afam dara n'ala kụwaa.
Afam's **cell phone** fell on the floor and
broke.

A B CH D **E** F G GB GH GW H I Ị J K KP KW LM N Ń
NW NY O Ọ P R S SH T U Ụ V W Y Z

Ekwu
Stove / Cooker

Nne m zụtara **ekwu** ọhụụ.
My mother bought a new **cooker**.

Ekwuru ụlọ
Peacock

Anyị hụrụ **ekwuru ụlọ** ukwu taa.
We saw a big **peacock** today.

Elekere
Hour / Clock / Time

Ọ ga-eru ụlọ ọrụ n'otu **elekere**.
He will get to work in one **hour**.

Elu
Top

Bọọlụ Ifedị nọ n'**elu** uko.
Ifedị's ball is on **top** of the shelf.

A B CH D **E** F G GB GH GW H I Ị J K KP KW L M N Ń
NW NY O Ọ P R S SH T U Ụ V W Y Z

Eletiriki
Electric / Electricity

Gbanyụọ ọkụ **eletiriki** ahụ.
Switch off that **electric** light.

Egwele
Sparrow

Uduma gosiri m **egwele** taa.
Uduma showed me a **sparrow** today.

Ekene / Ekele
Greeting / Give thanks /
Salutation

Nkịta na-**ekene** Sochi.
The dog is **greeting** Sochi.

Emume
Event / Celebration / Party

Ha na-enwe aṅụrị n'**emume**.
They are having fun at the **party**.

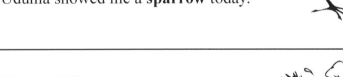

A B CH D **E** F G GB GH GW H I Ị J K KP KW LM N Ń
NW NY O Ọ P R S SH T U Ụ V W Y Z

Elu igwe
Sky / Heaven

Ihu **elu igwe** dị mma taa.
The **sky** is clear today.

Elu ụlọ
Roof

Lotanna na-aruzi **elu ụlọ** anyị .
Lotanna is repairing our **roof**.

Emeatufuo
Disposable

Naanị iko **emeatufuo** ka ha na-enye onye ọbụla.
They only give everyone **disposable** cups.

Emetụozaa
Tablet computer

Nna m nyere m **emetụozaa** ya.
My father gave me his **tablet computer**

A B CH D **E** F G GB GH GW H I Ị J K KP KW L M N Ń NW NY O Ọ P R S SH T U Ụ V W Y Z

Enekentịọba
Swallow

Enekentịọba be n'osisi.
The **swallow** is perched on the tree.

Enete
Verandah / Conservatory

Ụlọ ọhụụ anyị nwere nnukwu **enete**.
Our new house has a big **conservatory**.

Enwe
Monkey

Enwe ahụ na-ele anyị anya.
That **monkey** is looking at us.

Ényì
Friends

Enyi abụọ a na-ese okwu.
These two **friends** are quarelling.

A B CH D **E** F G GB GH GW H I Ị J K KP KW L M N Ń
NW NY O Ọ P R S SH T U Ụ V W Y Z

Ényí
Elephant

Enyi nwere nnukwu ntị.
Elephants have big ears.

Enyimmiri
Hippo / Hippopotamus

Enyimmiri a nwere obi añụrị.
This **hippo** is happy.

Enyingwere
Dinosaur

Anyị nụrụ akụkọ maka **enyingwere** taa.
We heard a story about **dinosaurs** today.

Enyinnụnụ
Ostrich

Enyinnụnụ anaghị efe efe.
The **ostrich** doesn't fly.

A B CH D **E** F G GB GH GW H I Ị J K KP KW L M N Ń
NW NY O Ọ P R S SH T U Ụ V W Y Z

Enyo
Mirror

Ngọzị na-ele onwe ya n'**enyo**.
Ngọzị is looking at herself in the **mirror**.

Enyoanya
Eye glasses / Spectacles

Enyoanya m efuola.
My **eye glasses** are lost.

Enyonseta
Camera

Onye ga-azụtara m **enyonseta**?
Who will buy me a **camera**?

Enyunyo
Shadow

Ibe na-ele **enyunyo** ya anya.
Ibe is looking at his **shadow**.

A B CH D **E** F G GB GH GW H I Ị J K KP KW LM N Ń
NW NY O Ọ P R S SH T U Ụ V W Y Z

Erimeri
Feast

Ha na-achọ imalite **erimeri**.
They are about to start the **feast**.

Eriri
String / Thread

Kedụ **eriri** nke ị chọrọ?
Which **thread** do you want?

Eririolu
Tie

Chinedu amaghị eke **eririolu**.
Chinedu doesn't know how to tie a **tie**.

Eririukwu
Belt

Họrọ otu **eririukwu**.
Choose one **belt**.

A B CH D **E** F G GB GH GW H I Ị J K KP KW L M N Ń
NW NY O Ọ P R S SH T U Ụ V W Y Z

Ero
Mushroom

Ero na-amasị m.
I like **mushrooms**.

Esereese
Drawing

Onye nwe **esereese** a?
Whose **drawing** is this?

Eso
Glue

Ugochukwu na-agbasa **eso** n'akwụkwọ.
Ugochukwu is spreading **glue** on the
paper.

Esondọkara
Sticky tape

Were **esondọkara** nyachie ya.
Use the **sticky tape** to stick it together.

A B CH D **E** F G GB GH GW H I Ị J K KP KW LM N Ń
NW NY O Ọ P R S SH T U Ụ V W Y Z

Esu
Millipede

Esu na-agwa arụrụ ihe ọ ga-eme.
The **millipede** is telling the ant what
to do.

Etiti
Middle / Centre

Ụgbọala dị n'**etiti** bụ nke m.
The car in the **middle** is mine.

Etutuu / Otutuu
Hiccup

Ụkamaka chiri ọchị, **etutuu** amalite.
Ụkamaka laughed, and the **hiccup**s
started.

Ewi
Rabbit

Ewi na-arahụ ụra.
The **rabbit** is sleeping.

A B CH D **E** F G GB GH GW H I Ị J K KP KW L M N Ń
NW NY O Ọ P R S SH T U Ụ V W Y Z

Egu
Caterpillar

Egu na- arị n'okpu ya.
A **caterpillar** is crawling on his cap.

Ele / Ene
Deer / Buck / Antelope

Ele kwuchiri anyị ụzọ.
The **deer** blocked our way.

Etere / Ncheanwụ
Umbrella

Ikuku eburula **etere** m.
The wind has blown my **umbrella**
away.

Ekperima
Burglar / Robber / Thief

Onye **ekperima** batara n'ụlọ anyị.
A **burglar** entered our house.

A B CH D **E** F G GB GH GW H I Ị J K KP KW LM N Ń
NW NY O Ọ P R S SH T U Ụ V W Y Z

69

Ewu
Goat

Nke a bụ **ewu** Chidozie.
This is Chidozie's **goat**.

Eze
King

Gịnị ka **eze** a na-eche?
What is this **king** thinking about?

Eze
Teeth

Ị sara **eze** gị taa?
Did you brush your **teeth** today?

Ezemgbu
Toothache

Ezemgbu ya bidoro taa.
His **toothache** started today.

A B CH D **E** F G GB GH GW H I Ị J K KP KW L M N Ń
NW NY O Ọ P R S SH T U Ụ V W Y Z

Ezenwanyị
Queen

Ezenwanyị a mara mma.
This **queen** is beautiful.

Èzí
Compound

Ezi anyị buru ibu.
Our **compound** is big.

Ézì
Pig

Ezi a kwụ ọtọ.
This **pig** is standing.

Ezinaụlọ
Family / Household

Lee **ezinaụlọ** m.
This is my **family**.

A B CH D **E** F G GB GH GW H I Ị J K KP KW L M N Ń
NW NY O Ọ P R S SH T U Ụ V W Y Z

Eziokwu
Truth

Ejike na-ekwu **eziokwu** mgbe ọbụla.
Ejike tells the **truth** everytime.

Ezu
Lake

Ọgọchukwu nọdụrụ ala n'akụkụ **ezu**.
Ọgọchukwu is sitting down at the
side of the **lake**.

Ff

Fee
Fly

Nnụnụ a gbatịrị nku ya ka o **fee**.
This bird spread out its wings to **fly**.

A B CH D **E F** G GB GH GW H I Ị J K KP KW L M N Ń
NW NY O Ọ P R S SH T U Ụ V W Y Z

Fee aka
Wave

Maazị Ewi hụrụ anyị, wee **fee aka**.
Mr Rabbit saw us, and **waved**.

Fesa
Sprinkle

Gịnị mere Osita jiri **fesa** nwa ya mmiri?
Why did Osita **sprinkle** water on his
daughter?

Fetuo
Fly down / Land

Nnụnụ a amaghị ka ọ ga-esi **fetuo**.
This bird doesn't know how to **land**.

Fịkọrọ
Crumpled / Scrunched

Kedụ onye **fịkọrọ** akwụkwọ ndị a niile?
Who **scrunched** up all these papers?

A B CH D E **F** G GB GH GW H I Ị J K KP KW L M N Ń
NW NY O Ọ P R S SH T U Ụ V W Y Z

Fịọ aka
Rub

Uju maara a**fịọ aka** n'azụ.
Uju knows how to **rub** backs.

Fọnye
Stuff / Fill tightly

Okechi na-a**fọnye** nri n'ọnụ ya.
Okechi is **stuff**ing his mouth with
food.

Fọrọ
Remaining / Leftover

Naanị ọbere mmiri **fọrọ** n'ime iko Ụzọ.
Only a little water is **remaining** in Ụzọ
cup.

Fụ ose
Spicy

Nri a na-a**fụ ose**.
This food is **spicy**.

A B CH D E **F** G GB GH GW H I Ị J K KP KW L M N Ń
NW NY O Ọ P R S SH T U Ụ V W Y Z

Funye
Blow into

Buchi **funye**re m anwụrụ ọkụ n'ihu.
Buchi **blew** smoke **into** my face.

Fụnyụọ
Blow out

Fụnyụọ ederị niile.
Blow out all the candles.

Fụọ
Play

Ha gwara Obiora ka ọ **fụọ** opi.
They told Obiora to **play** the flute.

Fụọ
Blow

Fụọ bolombolo ahụ ọfụma.
Blow the balloon well.

A B CH D E **F** G GB GH GW H I Ị J K KP KW LM N Ń
NW NY O Ọ P R S SH T U Ụ V W Y Z

Gg

Gaa ije
Walk

Anyị na-aga ije.
We are walking

Gaa akwụkwọ
Go to school

Anyị na-a**ga akwụkwọ**.
We are **going to school**.

Gafeta
Cross over

Unu nwere ike **gafeta** ụgbua.
You can all **cross over** now.

A B CH D E F **G** GB GH GW H I Ị J K KP KW LM N Ń
NW NY O Ọ P R S SH T U Ụ V W Y Z

Gagharịa
Walk around

Ha sị mụ **gagharịa**.
They told me to **walk around.**

Ganye
Thread

Biko gosi m ka esi a**ganye** eriri n'aga.
Please show me how to **thread** a needle.

Garị
Garri / Cassava flour

Garrị a ka dịtụ ọkụ.
This **garri** is still warm.

Gee ntị
Listen

Ifeoma gwara Emeka ya **gee ntị** n'afọ ya.
Ifeoma told Emeka to **listen** to her belly.

A B CH D E F **G** GB GH GW H I Ị J K KP KW L M N Ń
NW NY O Ọ P R S SH T U Ụ V W Y Z

77

Gị
You

Mụ na **gị** ga-esi nri taa.
You and I will cook today.

Gịnị
What

Gịnị dị n'ime igbe nri gị?
What is inside your lunch box?

Gịnị na-akụ?
What is the time?

Gịnị na-akụ ugbua?
What is the time now?

Gịrịgịrị
Thin / Slim

Nwoke a dị **gịrịgịrị**.
This man is **thin**.

A B CH D E F **G** GB GH GW H I Ị J K KP KW L M N Ń
NW NY O Ọ P R S SH T U Ụ V W Y Z

Gosi
Show

Ka m **gosi** gị ịhe m zụtara.
Let me **show** you what I bought.

Gụgụọ
Calm / Pacify / Soothe

Ije amaghị ka ọ ga-esị **gụgụọ** nwa ya.
Ije doesn't know how to **calm** her
baby down.

Gụọ
Read

Nne m chọrọ ka anyị **gụọ** akwụkwọ ugbu a.
My mother wants us to **read** a book now.

Gụọ
Count

Onye ga-enyere m aka **gụọ** ego a niile?
Who will help me **count** all these
money?

A B CH D E F **G** GB GH GW H I Ị J K KP KW L M N Ń
NW NY O Ọ P R S SH T U Ụ V W Y Z

Gụpụta
Read out (loud)

Ha chọrọ ka Chinwe **gụpụta** aha ọgwụ niile.
They want Chinwe to **read out** the
names of all the medicines.

Gụpụta
Pick out (from)

Ka m **gụpụta** ịhe ndị a na mmiri.
Let me **pick** these things **from** the
water.

GBgb

Gbaa
Sting

Aṅụ ndị a nwere ike **gbaa** m.
These bees might **sting** me.

A B CH D E F **G GB** GH GW H I Ị J K KP KW L M N Ń
NW NY O Ọ P R S SH T U Ụ V W Y Z

Gba bọọlụ
Play football / Soccer

Ndị otu anyị ga a**gba bọọlụ** taa.
Our team will **play football** today.

Gbaa egwu
Dance

Ka anyị **gbaa egwu**.
Let us **dance**.

Gbaa aka
Clicking the fingers

Ọ ghọtara, wee **gbaa aka** ya.
She understood, then **click**ed her **fingers**.

Gbaa mmiri
Water (plant)

Kandibe na-a**gba mmiri** n'okooko ya.
Kandibe is **watering** her flower.

A B CH D E F G **GB** GH GW H I Ị J K KP KW L M N Ń
NW NY O Ọ P R S SH T U Ụ V W Y Z

Gbabie
Cut

Ụdọ ahụ **agbabie**la.
That rope has **cut**.

Gbadata
Climb down

Esu a na-**agbadata** nkwa.
This caterpillar is **climbing down**
the stairs.

Gbago
Climb up

Ha na-**agbago** nkwa.
They are **climbing up** the stairs.

Gbagọrọ
Bent / Crooked

Ntu a **gbagọro** agbagọ.
This nail is **bent**.

A B CH D E F G **GB** GH GW H I Ị J K KP KW L M N Ń
NW NY O Ọ P R S SH T U Ụ V W Y Z

Gbajiri
Broke

Ọbịageli **gbajiri** aka ya.
Ọbịageli **broke** her hand.

Gbakọọ
Add up / Count

Ifedị ji mkpịsịaka ya **gbakọọ** ego.
Ifedị used his fingers to **add up** the money.

Gbamgbam
Roofing sheet

Gbamgbam a dị ọhụụ.
This **roofing sheet** is new.

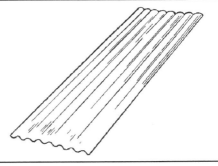

Gba nkịtị
Ignore

Gba ya **nkịtị**.
Ignore her.

A B CH D E F G **GB** GH GW H I Ị J K KP KW LM N Ń
NW NY O Ọ P R S SH T U Ụ V W Y Z

Gbanwee
Change

Ka m **gbanwee** akwaọkụ a ugbua.
Let me **change** the lightbulb now.

Gbanye
Pour

Gbanye mmanụ n'ime ite.
Pour the oil into the pot.

Gbanyụọ
Switch off

Gbanyụọ ọkụ ahụ.
Switch off that light.

Gba ọbara
Bleed

Aka Kaife na-a**gba ọbara**.
Kaife's arm is **bleed**ing.

A B CH D E F G **GB** GH GW H I Ị J K KP KW L M N Ṅ
NW NY O Ọ P R S SH T U Ụ V W Y Z

Gba ọsọ
Run

Obierika na nkịta ya na-a**gba ọsọ**.
Obierika and his dog are **run**ning.

Gbapụ
Run out

Ụzọ meghere, nwamba **gbapụ** n'ilo.
The door opened, and the cat
ran outside .

Gbasaa
Spread

Nnụnụ hụrụ anyị, wee **gbasaa** nku ya.
The bird saw us and **spread** its wings.

Gbasaa akwa
Spread clothes / Laundry

A gwara m Ụlọma ya **gbasaa akwa**.
I told Ụlọma to **spread** out the
clothes.

A B CH D E F G **GB** GH GW H I Ị J K KP KW L M N Ń
NW NY O Ọ P R S SH T U Ụ V W Y Z

Gbatịa
Stretch

Gbatịa eriri a.
Stretch this string.

Gba ụkwụ nkịtị
Barefoot

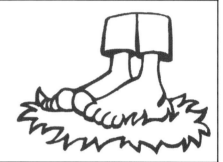

Chika **gba ụkwụ nkịtị**.
Chika is **barefoot**.

Gbawaa
Crack

Mgbidi a nọgidere **gbawaa**.
The wall suddenly **crack**ed.

Gbazee
Melt

Rachaa udeoyi gị tupuu ọ **gbazee**.
Lick your ice cream before it **melt**s

A B CH D E F G **GB** GH GW H I Ị J K KP KW L M N Ń
NW NY O Ọ P R S SH T U Ụ V W Y Z

Gbee
Brew / Make

Sie mmirịọkụ ka anyị **gbee** tii.
Boil some water, let's **make** some tea.

Gbee igbe
Crawl

Ọ hụ ihe ọ chọrọ, ọ **gbee igbe**.
When she sees what she likes, she **crawls**.

Gboo
Early

Maazi Emeka apụtaghị **gboo**.
Mr Emeka didn't come out **early**.

Gbọọ ụja
Bark

Nkịta a hụ nnụnụ, ọ **gbọọ ụja**.
When this dog sees birds, it **bark**s.

A B CH D E F G **GB** GH GW H I Ị J K KPKW LM N Ń
NW NY O Ọ P R S SH T U Ụ V WYZ

87

Gbọọ
Vomit / Throw up

Onyinye richara nri, wee **gbọọ**.
Onyinye finished eating, and **threw up**.

Gbu azụ
Fishing

Chịbụeze na-e**gbu azụ** ugbua.
Chịbụeze is **fishing** right now.

Gbuke
Sparkling/ Glittering

Ọla mkpịsị aka ya na
e**gbuke** egbuke.
Her ring is **sparkling**.

Gburuaka / Nye ise
High five

Ka anyị **gburu aka**.
Lets do a **high five**.

A B CH D E F G **GB** GH GW H I Ị J K KP KW LM N Ń
NW NY O Ọ P R S SH T U Ụ V W Y Z

GHgh

Ghaa / Gafee
Overtake / Leave behind

Ụgbọala m na-achọ ịgha nke gị.
My car is about to **overtake** yours.

Ghafuo / Wufuo
Spill / Pour / Thow away (liquid or grains)

Osita a**ghafuo**la mmanya ahụ.
Osita has **spilled** the drink.

Gha mkpụrụ
Sow

Ọrụ Ejike bụ ịgha mkpụrụ ọka n'ubi.
Ejike's job is to **sow** corn in the farm.

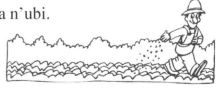

A B CH D E F G GB **GH** GW H I Ị J K KPKW LM N Ń
NW NY O Ọ P R S SH T U Ụ V WYZ

Ghee
Bake

Nneoma, biko **ghee** achịcha.
Nneoma, please **bake** some bread.

Ghee
Fully cooked / Ready to eat

A sịrị m gị gwa m ma nri **ghee**.
I told you to tell me when the food is
ready to eat.

Ghee
Fry

Ndụka achọghị ka Ada **ghee** azụ.
Ndụka doesn't want Ada to **fry** fish.

Ghee ughere
Yawn

Ikenna na-e**ghe ughere**.
Ikenna is **yawn**ing.

A B CH D E F G GB **GH** GW H I Ị J K KP KW L M N Ń
NW NY O Ọ P R S SH T U Ụ V W Y Z

Ghọgbuo
Trick / Decieve

Agbo chọrọ iji akwa **ghọgbuo** ha.
Agbo wants to use a cloth to **trick**
them.

Ghọọ
Become / Turn into

Nwanyị ahụ mere akpụụkwụ ka ọ **ghọọ** ụlọ.
That woman made a shoe **become** a house.

Ghọrọ
Pluck

Ka m **ghọrọ** otu ụdarabekee.
Let me **pluck** one apple.

Ghọta
Understand

Chere, ka m **ghọta** ịhe ị na-ekwu.
Wait, let me **understand** what you are
saying.

A B CH D E F G GB **GH** GW H I Ị J K KP KW LM N Ń
NW NY O Ọ P R S SH T U Ụ V W Y Z

GWgw

Gwa
Tell

Gwa m ihe m ga-eme.
Tell me what to do.

Gwamgwamgwam
Riddle

Gwamgwamgwam ole ka ị maara?
How many **riddles** do you know?

Gwee
Mash

Osinri a ji eku osisi **gwee** nduku.
This cook used a wooden spoon to
mash potatoes.

A B CH D E F G GB GH **GW** H I Ị J K KP KW LM N Ń
NW NY O Ọ P R S SH T U Ụ V W Y Z

Gwongworo
Truck

Ha na-ekpuchi **gwongworo** ha.
They are covering their **truck**.

Gwọọ
Mix / Blend

Ka anyị **gwọọ** ihe anyị ga-eji ghee
achịcha ọkpọọ.
Let's **mix** what we will use to bake cookies.

Gwụcha
Finished

Nri m na-eri **agwụcha**ala.
The food I was eating has **finished**.

Gwu egwu
Playing

Ụmụnne a na-egwu egwu.
These **brothers** are playing.

A B CH D E F G GB GH **GW** H I Ị J K KP KW L M N Ń
NW NY O Ọ P R S SH T U Ụ V W Y Z

Gwuo ala
Dig

Dike gwara ya **gwuo ala**.
Dike told her to **dig** the ground.

Gwuo mmiri
Swim

Oge achọghị ka Arinze **gwuo mmiri**.
Oge doesn't want Arinze to **swim**.

Hh

Ha
They

Ha niile maara onwe ha.
They all know each other.

A B CH D E F G GB GH **GW H** I Ị J K KP KW L M N Ń
NW NY O Ọ P R S SH T U Ụ V W Y Z

Hapụ
Release

O kwuchara okwu, wee **hapụ** otụ nduru.
He finished speaking, and **release**d a
dove.

Hazie
Arrange / Sort

Ebube chọrọ ka ọ **hazie** igbe obere niile a.
Ebube wants to **arrange** all these tiny boxes.

Hichaa
Wipe / Clean / Polish

Mazị Ọjị gwara ha **hichaa** ihe niile.
Mr Ọjị told them to **wipe**
everything.

Hi ụra
Sleep

Onye uwe oji a na-e**hi ụra**.
This policeman is **sleep**ing.

A B CH D E F G GB GH GW **H** I Ị J K KP KW L M N Ń
NW NY O Ọ P R S SH T U Ụ V W Y Z

Họpụta
Select / Pick out

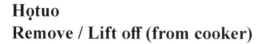

Họpụta onyinye bụ nke gị ebe a.
Select the presents that are yours from here.

Họtuo
Remove / Lift off (from cooker)

Ofe a ghee, biko **họtuo** ya n'ekwu.
When this soup is ready, please **remove** it **from** the cooker.

Huwe isi / Ruwe isi
Obey

Chikwe na-e**huwe**re nne ya isi.
Chikwe **obey**s his mother.

Hụ / Fụ / Hụrụ
See

Nkịta weliri anya **hụ** achịcha awaị m.
The dog looked up and **saw** my sandwich.

A B CH D E F G GB GH GW **H** I Ị J K KP KW L M N Ń
NW NY O Ọ P R S SH T U Ụ V W Y Z

Ii

Ibenna / Ụmụnna
Cousins (paternal)

Anyị bụ **ibenna**.
We are **cousins**.

Ibenne
Cousins (maternal)

Azụka bụ **ibenne** m.
Azụka is my **cousin**.

Ibubeoyi
Snow

Ibubeoyi na-ada.
Snow is falling.

A B CH D E F G GB GH GW H **I** Ị J K KP KW LM N Ń
NW NY O Ọ P R S SH T U Ụ V W Y Z

Icheoku
Parrot

Icheoku ahụ na-ele m anya.
That **parrot** is looking at me.

Icheremmiri
Sea shells

Anyị tụụtara **icheremmiri** taa.
We picked some **sea shells** today.

Idide
Earthworm

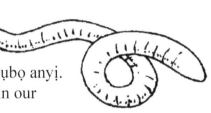

Anyị nwere **ọtụtụ Idide** na mbụbọ anyị.
We have a lot of **earthworms** in our
garden.

Ifilo
Balcony

Anyi nọ n'**ifilo**.
We are on the **balcony**.

A B CH D E F G GB GH GW H **I** Ị J K KP KW L M N Ń
NW NY O Ọ P R S SH T U Ụ V W Y Z

Ifuru / Okooko
Flower

Nke a bụ udi **ifuru** m chọrọ ịkọ.
This is the kind of **flower** I want to
plant.

Igodo
Padlock / Key

Achọtala m **igodo** m.
I have found my **padlock**.

Igulube
Ladder

Igulube a toro ogologo.
This **ladder** is long.

Igbe / Akpati
Suitcase / Box

Igbe a akaala nka.
This **suitcase** is old.

A B CH D E F G GB GH GW H **I** Ị J K KP KW L M N Ń
NW NY O Ọ P R S SH T U Ụ V W Y Z

Igbe
Box

Ọ nweghị ihe dị n'**igbe** a.
This box is **empty**.

Igbendakwa
Microwave

Hichaa **igbendakwa** anyị.
Wipe our **microwave**.

Igbeoyi / Njuoyi
Refridgerator

Onye gbanyụrụ **igbeoyi** a?
Who switched off this **refridgerator**?

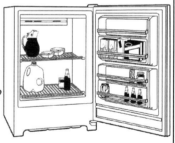

Igwe / Ịnyịnya Igwe
Bicycle

Amaghị m anya **inyịnya igwe**.
I don't know how to ride a **bicycle**.

A B CH D E F G GB GH GW H **I** Ị J K KP KW L M N Ń
NW NY O Ọ P R S SH T U Ụ V W Y Z

Ihe
Something / Thing

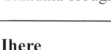

Ọ nwere **ihe** nneochie wepụtara ugbua.
Grandma brought out **something** now.

Ihere
Shy / Shame

Ihere na-eme Aṅụlị.
Aṅụlị is **shy**.

Isi awọ
Grey hair

Nna m ochie nwere **isi awọ**.
My grandfather has **grey hair**.

Isi njedebe / Isi ngwụcha / Isi ngwụsị
End

Eruola m n'**isi njedebe** akwụkwọ a.
I have reached the **end** of this book.

A B CH D E F G GB GH GW H **I** Ị J K KP KW L M N Ṅ
NW NY O Ọ P R S SH T U Ụ V W Y Z

Ihe
Why / Reason

Ị m**a ihe** mere m ji arigo osisi a?
Do you know **why** I am climbing this tree?

Iheegwu
Toys

Iheegwu juputara n'akpa a.
This bag is full of **toys**.

Ihenracha / Ọmiyọ
Sweets / Candy

Ọ nyere m naanị otu **ihenracha**.
He only gave me one **sweet**.

Iheolu
Necklace

Ebee ka i zụtara **iheolu** a?
Where did you buy this **necklace**?

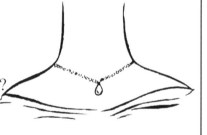

A B CH D E F G GB GH GW H **I** Ị J K KP KW L M N Ń
NW NY O Ọ P R S SH T U Ụ V W Y Z

Ígwè
Metal

E ji **igwe** mee mgbo a.
This gate is made of **metal**.

Ìgwè
Flock / Crowd

Anyị hụrụ **igwe** nnụnụ ụgbụ a.
We saw a **flock** of birds now.

Ígwè
Machine / Gadget

Kedụ udi **igwe** bụ ihe a?
What kind of **machine** is this?

Ígwē
Sky

Urukpụ dị n'**igwe** pere mpe.
The clouds in the **sky** are little.

A B CH D E F G GB GH GW H **I** Ị J K KP KW LM N Ń
NW NY O Ọ P R S SH T U U Ụ V W Y Z

Igwe Igwe / Anya atụrụ
Blue

Ụgbọala ọhụụ m na-acha **igwe igwe**.
My car is **blue** in colour.

Igweokwu
Telephone

Igweokwu a akaala nka.
This **telephone** is old.

Igweozi
Radio

Igweozi a emebiela.
This **radio** has broken down.

Igwembuli
Elevator / Lift

Ana m eche **igwembuli**.
I am waiting for the **elevator**..

A B CH D E F G GB GH GW H **I** Ị J K KP KW L M N Ń
NW NY O Ọ P R S SH T U Ụ V W Y Z

Igwemgbako
Calculator

Onye nkuzi anyị nwere **Igwemgbakọ**.
Our teacher has a **calculator**.

Igwulube
Locust

Anyị hụrụ ihe dị ka **igwulube**.
We saw something that looks
like a **locust**.

Ihu
Face

Chijioke sara **ihu** ya n'ụtụtụ.
Chijioke washed his **face** in the morning.

Ihu
Front

Ọ nwere ọbere ute dị n'**ihu** ụzọ anyị.
There is a small mat in **front** of our
door.

A B CH D E F G GB GH GW H **I** Ị J K KP KW LM N Ń
NW NY O Ọ P R S SH T U Ụ V W Y Z

Ihuigwe
Weather

Ihuigwe taa mara mma.
The **weather** today is beautiful.

Ihummanwụ
Mask

Ụfọdụ ji **ihummanwụ** achọ ụlọ ha mma.
Some people use **mask**s to decorate their
houses.

Ijeoma
Safe journey

Ha kpọrọ ka ha gwa anyị **ijeoma**.
They called to wish us a **safe journey**.

Ijiji
Housefly

Ijiji na-ebụ ọrịa.
Houseflies carry diseases.

A B CH D E F G GB GH GW H **I** Ị J K KP KW L M N Ń
NW NY O Ọ P R S SH T U Ụ V W Y Z

Iko
Cup

Ọ nweghị ihe dị n'ime **iko** a.
There is nothing inside this **cup**.

Ikoego
Piggybank

Ikoego m ejula n'ọnụ.
My **piggybank** is filled to the brim.

Iko ọgbụgba
Spaycan

Iko ọgbụgba m mebiri emebi.
My **spraycan** is damaged.

Ikoro / Onunu
Hole

Ikoro a adịbụghị ebe a.
This **hole** wasn't here before.

A B CH D E F G GB GH GW H **I** Ị J K KP KW L M N Ń
NW NY O Ọ P R S SH T U Ụ V W Y Z

107

Ikpeazụ
Last / Final

Ọdịnaka chọrọ mbechara nke **ikpeazụ**
dị n'efere.
Ọdịnaka wants the **last** slice on the plate.

Ikpere
Knee

Ikpere na-afụ m ụfụ.
My **knee** hurts.

Ikpo
Pile

Ikpo akwa a dị n'ime ụlọ Chiazọ.
This **pile** of clothes is in Chiazọ's room.

Ikuanya
Eyebrow

Ikuanya ya dị mma.
Her **eyebrows** are nice.

A B CH D E F G GB GH GW H **I** Ị J K KP KW LM N Ń
NW NY O Ọ P R S SH T U Ụ V W Y Z

Ikuku
Wind

Ikuku na-eku ugbua.
The **wind** is blowing now.

Ikwe
Mortar

Nke a bụ **ikwe** nne m ochie.
This is my grandmother's **mortar**.

Ikwikwii
Owl

Ikwikwii anaghị arahụ ụra n'abalị.
Owls don't sleep at night.

Ilo
Street / Outside

Ilo ebe anyị bi mara mma.
The **street** where we live is
beautiful.

A B CH D E F G GB GH GW H **I** Ị J K KP KW L M N Ń
NW NY O Ọ P R S SH T U Ụ V W Y Z

Ime
Inside

Okeke nọ n'**ime** ụlọ ya.
Okeke is **inside** his house.

Ime
Pregnant

Ụzọma dị **ime**.
Ụzọma is **pregnant**.

Imeela
Thank you

"Mazị Agbo, **I meela** nke ukwu."
"Mr Agbo, **Thank you** very much."

Imeụlọ
Bedroom

Lee **imeụlọ** m.
Look at my **bedroom**.

A B CH D E F G GB GH GW H **I** Ị J K KP KW L M N Ń
NW NY O Ọ P R S SH T U Ụ V W Y Z

Imi
Nose

Imi ya toro ogologo.
His **nose** is long.

Ire
Tongue

Amobi weputara **ire** ya.
Amobi brought out his **tongue**.

Iriri
Crumbs

Ọ na-efesara ọbọgwụ **iriri** achịcha.
He is spreading bread **crumbs**
for the duck.

Isi / Ishi
Smell

Mposi a nwere **isi** ọjọọ.
This toilet has a bad **smell**.

A B CH D E F G GB GH GW H **I** Ị J K KP KW L M N Ń
NW NY O Ọ P R S SH T U Ụ V W Y Z

Isi
Head

Ọ nwere ihe kụrụ ya n'**isi**.
Something hit him on the **head**.

Isi ike
Stubborn

Jakị a na-eme **isi ike**.
This donkey is very **stubborn**.

Isi mbido
Beginning

Ọnụọra nọ n'**isi mbido** asompi.
Ọnụọra is at the **beginning** of the
competition.

Isi mgbaka
Mad / Crazy

Nkechi na-eme ka onye **isi mgbaka**.
Nkechi is acting like a **mad** person.

A B CH D E F G GB GH GW H **I** Ị J K KP KW LM N Ń
NW NY O Ọ P R S SH T U Ụ V W Y Z

Isi ngwụcha
End / Finish

Ha eruola n'**isi ngwụcha** asompi.
They have reached the **end** of the competition.

Isi nkwọcha
Bald

Dee Uche nwere **isi nkwọcha**.
Uncle Uche is **bald**.

Isiokwu
Topic

Kedụ ihe bụ **isiokwu** nkata a?
What is the **topic** of this conversation?

Isi ọwụwa
Headache

Gịnị butere **isi ọwụwa** gị?
What is causing your **headache**?

A B CH D E F G GB GH GW H **I** Ị J K KP KW LM N Ń
NW NY O Ọ P R S SH T U Ụ V W Y Z

Isiaka
Thumb

Isiaka na-afụ mụ ụfụ.
My **thumb** is hurting.

Ite
Pot

Nri dị n'ime **ite**.
There is some food inside the **pot**.

Ite mmiriọkụ
Kettle

Ite **mmiriọkụ** a buru ibu.
This **kettle** is big.

Itemmiri
Water Jug

Mmiri dị n'**itemmiri** a juru oyi.
The water inside this **water jug** is cold.

A B CH D E F G GB GH GW H **I** Ị J K KP KW L M N Ń
NW NY O Ọ P R S SH T U Ụ V W Y Z

Iyerintị
Earrings

Iyerintị a abụghị nke m.
These **earrings** are not mine.

Izuka
Week

Oyi bidoro n'**izuka** a.
The cold started this **week**.

SUN	MON	TUES	WED	THURS	FRI	SAT

Iị

Ịba
Briefs / Pants/ Boxers

Tochukwu zụtara **ịba** ọhụụ.
Tochukwu bought new **briefs**.

A B CH D E F G GB GH GW H **I Ị** J K KP KW L M N Ń
NW NY O Ọ P R S SH T U Ụ V W Y Z

Ịba
Fever

Nnadozie nwere **ịba**.
Nnadozie has a **fever**.

Ịbanta
Shorts

Ịbanta m dị ojị.
My **shorts** are black.

Ịbaogologo
Trousers

Ọ zụtara **ịbaogologo** ọhụụ.
He bought new **trousers**.

Ịbọọla chi
Good morning

Ị bọọla chi!
Good Morning!

A B CH D E F G GB GH GW H I Ị J K KP KW L M N Ń
NW NY O Ọ P R S SH T U Ụ V W Y Z

Ịchafu
Scarf / Headtie

Chidimma kere **ịchafụ** n'isi ya.
Chịdịmma tied a **scarf** on her head.

Ịgba
Drum

Ịgba a toro ogologo.
This **drum** is long.

Ịgbịrịgba / Iyagba
Chain

Ịgbịrịgba a etoghi ogologo.
This **chain** isn't long.

Ịfụnanya
Affection / Love

Ndị nne nwere oke **ífụnanya** ebe ụmụ ha nọ.
Mothers have great **love** for their children.

A B CH D E F G GB GH GW H I Ị J K KP KW L M N Ń
NW NY O Ọ P R S SH T U Ụ V W Y Z

Ịga
Handcuffs

Ndị uweoji tinyere **ịga** na njiko aka ya.
The police put **handcuffs** on his wrist.

Ịlụ ọgụ
To fight

Ha chọrọ **ịlụ ọgụ**.
They want to **fight**.

Ịntaneti
Internet

Ka anyị chọọ ya n'**ịntaneti**.
Let us look for it on the **internet**.

Ịnyanga
Pride / Showing off

Ezije na-eme **ịnyanga**.
Ezije is **showing off**.

A B CH D E F G GB GH GW H I Ị J K KP KW L M N Ń
NW NY O Ọ P R S SH T U Ụ V W Y Z

Ịnyịnya
Horse

Ịnyịnya a na-ele gị anya.
This **horse** is looking at you.

Ịnyịnya ibu
Donkey

Anyị gafere **ịnyịnya ịbu** a na nwa ya.
We passed this **donkey** and it's foal.

Ịnyịnya Igwe
Bicycle

Ha na-anya **ịnyịnya igwe** ha.
They are riding their **bicycles**.

Ịnyịnya nkawa
Zebra

Anyị hụrụ **ịnyịnya nkawa** taa.
We saw **zebras** today.

A B CH D E F G GB GH GW H I Ị J K KP KW L M N Ń
NW NY O Ọ P R S SH T U Ụ V W Y Z

Ịnyịnyaọzara / Kamel
Camel

Taa bụ izizi m na-anọ n'elu **ịnyịnyaọzara**.
Today is the first day i'm sitting on top of
a **camel.**

Ịpanti / Ọbante
Underwear

Nne m zụtaara m **ịpanti** ọhụụ.
My mother bought new **underwear**
for me.

Ịsha
Shrimps / Prawns / Crayfish

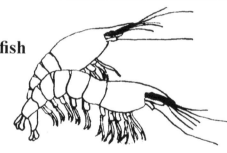

Zụtara m otu akpa **ịsha**.
Buy me a bag of **shrimps**..

Ịtari
Whip / Cane

Ọdụm a achọghị ka a pịa ya **ịtari**.
This lion doesn't want to be thrashed
with the **whip.**

A B CH D E F G GB GH GW H I Ị J K KPKW LM N Ń
NW NY O Ọ P R S SH T U Ụ V W Y Z

Jj

Jaa mma / Too
Praise

Ka anyị **jaa** Chineke **mma**.
Let us **praise** God.

Jangolova
Swing

Anyị na-anya **jangolova**.
We are swinging on the **swing**s.

Jee / Gaa
Go / walk

Ifeọma sị m **jee** mara onye na-eme mkpọtụ.
Ifeọma told me to **go** and find out who's making noise.

A B CH D E F G GB GH GW H I Ị **J** K KP KW L M N Ń
NW NY O Ọ P R S SH T U Ụ V W Y Z

Jee / Ṅomie
Mimic / Imitate

Mgbe ọbụla ọ hụrụ nwanne ya, ọ **jee** ya.
Whenever he sees his brother, he **mimics** him.

Ji nwa nnụnụ / Nduku
Potato

Otu **ji nwa nnụnụ** dapụrụ n'akpa ya.
One **potato** fell off from her bag.

Jefuo
Stray / Get lost

Nwamba a **ejefuo**la.
This cat has **gotten lost**.

Jeruo / Garuo
Arrive there / Get there

Nọnye e**jeruo**la ebe ahụ.
Nọnye has **arrived there**.

A B CH D E F G GB GH GW H I Ị **J** K KP KW LM N Ń
NW NY O Ọ P R S SH T U Ụ V W Y Z

122

Ji
Yam

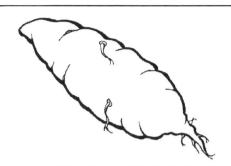

Anyị ga-eri **ji** taa.
We will eat **yam** today.

Jide
Hold

Onye gwara nwa oke **jide** mpempe akwụkwọ?
Who told the mouse to **hold** the piece of paper?

Jikere / Kwado
Prepare / Get ready

Ana m e**jikere** ugbu a.
I am **getting ready** now.

Jikọta
Hold Together

Akudo ji aka abụọ **jikọta** ukwu okooko.
Akudo **held** the bunch of flowers **together**
with both hands.

A B CH D E F G GB GH GW H I Ị **J** K KP KW L M N Ń
NW NY O Ọ P R S SH T U Ụ V W Y Z

Jisie ike
Keep trying / Don't give up /
Persevere

Ha gwara Igwemmadụ ya **jisie ike**.
They told Igwemmadụ to **keep trying**.

Jọrọ njọ
Ugly

Udemba gwara onwe ya na ọ **jọrọ njọ**.
Udemba told himself that he is **ugly**.

Juru
Full

Nkata ahụ **juru** n'ọnụ.
That basket is very **full**.

Juru oyi
Cold

Mmanya ahụ **juru oyi**.
That drink is **cold**.

A B CH D E F G GB GH GW H I Ị **J** K KP KW L M N Ń
NW NY O Ọ P R S SH T U Ụ V W Y Z

Jụọ
Ask

Jụọ m ajụjụ ọbụla.
Ask me any question.

Kk

Ka ọmesịe
Good bye
/ See you later

Ọ ruola oge anyị ga-asị ha **ka ọmesịe**.
It is time for us to say **goodbye** to them.

Ka chi foo
Good night

Ọ sị m **ka chi foo**, m sị ya ka ọ bọọ.
He said **good night**, and I responded.

A B CH D E F G GB GH GW H I Ị **J K** KP KW LM N Ń
NW NY O Ọ P R S SH T U Ụ V W Y Z

Kalama / Karama / Ekpem / Ololo
Bottle

Kalama a na-acha ndụ ndụ.
This **bottle** is green in colour.

Kedọ
Tie together

E ji m eriri **kedo** akwụkwọ ozi ndị a.
I used a string to **tie** these newspapers
together.

Kedu / Kedu ka ị mere
How are you / Howdy

Kedu ka ị mere taa?
How are you today?

Kee
Share

Nne gwara Ike ka ọ **kee** achịcha ụtọ.
Mother told Ike to **share** the cake.

A B CH D E F G GB GH GW H I Ị J **K** KP KW L M N Ń
NW NY O Ọ P R S SH T U Ụ V W Y Z

Kee isi
Plait hair

Adamma ṣuchara akwa, wee **kee isi** ya.
Adamma finished washing clothes, and
plaited her **hair**.

Kekọrọ
Tied round

Agwọ **kekọrọ** onwe ya n'osisi.
The snake **tied** itself **round** a tree.

Kere
Created

Chukwu **kere** anyị niile.
God **created** all of us.

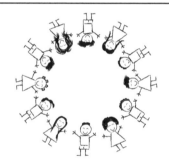

Komkom
Can / Tin

Biko kpọghere m **komkom** a.
Please open this **can** for me.

A B CH D E F G GB GH GW H I Ị J **K** KP KW LM N N
NW NY O Ọ P R S SH T U Ụ V W Y Z

127

Kọmputa
Computer

Nkọlị na-arụ ọrụ na **kọmputa**.
Nkọlị is working on the **computer**.

Kọọ
Plant

Adaeze gwara m **kọọ** okooko taa.
Adaeze told me to **plant** flowers today.

Kọ ọkọ
Scratch

Okechukwu na-a**kọ ọkọ** n'isi.
Okechukwu is **scratch**ing his head.

Kọwaa
Explain

Biko bịa **kọwaa** ka ụgbọala eletiriki si arụ ọrụ.
Please come and **explain** how electric cars work.

A B CH D E F G GB GH GW H I Ị J **K** KP KW L M N Ń
NW NY O Ọ P R S SH T U Ụ V W Y Z

Kunye
Scoop

Ọjịugo **kunye**re udeoyi n'ime ọnụ ya.
Ọjịugo **scoop**ed icecream into her
mouth.

Kuo ume
Breathe

Dọkịta gwara Okenwa **kuo ume**.
The doctor told Okenwa to **breathe**.

Kụọ
Dilute

Kụọ mmiri oroma ahụ ọfụma ọfụma.
Dilute that orange juice very well.

Kụọ aka
Clap

Nnenna hụrụ ihe ọ mere, wee **kụọ aka**.
Nnenna saw what he did, and **clap**ped.

A B CH D E F G GB GH GW H I Ị J **K** KP KW LM N Ń
NW NY O Ọ P R S SH T U Ụ V W Y Z

129

Kụ aka n'ụzọ
Knock on the door

Onye na-a**kụ aka** n'ụzọ?
Who is **knock**ing on the door?

Kụ ịgba
Play the drum

Umunne a na-a**kụ ịgba** ọfụma.
These brothers **play the drum** very
well.

Kụ ọkpọ
Punch / Box

Ọ **kụrụ** Chikwendụ **ọkpọ** n'agba.
He **punch**ed Chikwendu on the jaw.

Kụrụ
Hit / Knock

Bọọlụ **kụrụ** Obiora n'isi.
A ball **hit** Obiora in the head.

A B CH D E F G GB GH GW H I Ị J **K** KP KW L M N Ń
NW NY O Ọ P R S SH T U Ụ V W Y Z

Kụtuo
Knock down

Ndụbụisi a **kutuo**la akara okporoụzọ.
Ndụbụisi has **knock**ed **down** the road sign.

Kụwaa
Break

Zina amaghị ụma **kụwaa** ite.
Zina didn't **break** the pot on purpose.

Kụzie
Teach

Ka m bịa **kuzie**re gị ihe ị ga eme.
Let me come and **teach** you what you will do.

Kụzie / Dozie
Mend / Knock into shape

Achọrọ m ka ị nyere m aka **kụzie**
uko a.
I want you to help me **mend** this shelf.

A B CH D E F G GB GH GW H I Ị J **K** KP KW LM N Ń
NW NY O Ọ P R S SH T U Ụ V W Y Z

131

KPkp

Kpa nkata
Weave basket

Biko kuziere m ka esi a**kpa nkata**.
Please teach me how to **weave baskets**.

Kpaghari
Stir

Ọ nwere ihe Madụka na-a**kpaghari**?
Is Madụka **stir**ring something?

Kpaghari
Wandering around

Enyingwere ndị a na-a**kpaghari**.
These dinosaurs are **wandering around**.

A B CH D E F G GB GH GW H I Ị J K **KP** KW LM N Ń
NW NY O Ọ P R S SH T U Ụ V W Y Z

Kpakpando
Star

Kpakpando na-apụta n'abalị.
Stars come out at night.

Kpalakwukwu / Nduru
Pigeon

Kpalakwukwu juru ebe a.
There are lots of **pigeons** here.

Kpara isi
Plaited hair

Onye **kpara** Chiamaka **isi**? Ọ maka!
Who **plaited** Chiamaka's hair? It is
beautiful!

Kpasara
Spread out

Nwando **kpasara** akwa n'ezi.
Nwando **spread out** the clothes
outside.

A B CH D E F G GB GH GW H I Ị J K **KP** KW L M N Ń
NW NY O Ọ P R S SH T U Ụ V W Y Z

Kpee ekpere
Pray

Kalụ **kpee ekpere**, Chukwu na-aza ya.
When Kalu **pray**s, God answers him.

Kpekapụ
Peel away

Nnaochie na-e**kpekapụ azụ**
yabasị.
Grandfather is **peeling away** the back of the onion.

Kpọchie
Lock

Kpọchie ụzọ ma ị mechaa.
Lock the door when you finish.

Kpọghee
Unlock

Ka m **kpọghee** ebe ego dị.
Let me **unlock** where the money is.

A B CH D E F G GB GH GW H I Ị J K **KP** KW L M N Ń
NW NY O Ọ P R S SH T U Ụ V W Y Z

134

Kpọnwụọ
Wilt

Gịnị mere okooko ndị a jiri **kpọnwụọ?**
What made these flowers **wilt**?

Kpọọ
Call

Kpọọ ya!
Call him!

Kpọtee
Wake up

Ọ bụrụ na i bilighi, m bịa **kpotee** gị.
If you don't get up, i will come and
wake you up.

Kpuru isi
Blind / Become blind

Nwoke a **kpuru isi**. Nyere ya aka.
This man is **blind**. Help him.

A B CH D E F G GB GH GW H I Ị J K **KP** KW L M N Ń
NW NY O Ọ P R S SH T U Ụ V W Y Z

Kpuo
Cover (with fabric)

Oyi na-atụ, o wee **kpuo** valangidi.
It was cold, so he **cover**ed himself with
a blanket.

Kpụ n'ọnụ
(something) in the mouth

Gịnị ka ọ **kpụ n'ọnụ**?
What is in her **mouth**?

Kpụọ isi
Shave hair / Haircut

Chikwe gara **kpụọ isi** ya tupu ọ kwadọ.
Chikwe went to have a **haircut** before
getting dressed.

Kpụọ
Mould / Sculpt / Knead

Ha kwụrụ ya ụgwọ ka ọ **kpụọ** ite.
They paid him to **mould** a pot.

A B CH D E F G GB GH GW H I Ị J K **KP** KW L M N Ń
NW NY O Ọ P R S SH T U Ụ V W Y Z

KWkw

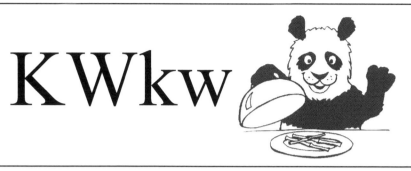

Kwaa
Crow

Oke ọkpa **kwaa**, onye ọbụla etete n'ụra.
When the rooster **crows**, everyone wakes up.

Kwa akwa
Sew

Ogechi maara a**kwa akwa**.
Ogechi knows how to **sew**.

Kwaa aka
Push

Ka anyị **kwaa** ụgbọala Ewi **aka**.
Let's **push** Rabbit's car.

A B CH D E F G GB GH GW H I Ị J K KP **KW** LM N Ń
NW NY O Ọ P R S SH T U Ụ V W Y Z

Kwabanye
Push into

Kwabanye m n'ime mmiri!
Push me **into** the water!

Kwado
Support

Esomchi na-a**kwadọ** nna ya ochie ịga ije.
Esomchi is **support**ing her grandfather
in walking.

Kwado
Get ready

A chọrọ m ị**kwado** mmemme ugbua.
I want to **get ready** for a party now.

Kwafuo
Spill

Onye gwara gị **kwafuo** ya?
Who told you to **spill** it?

A B CH D E F G GB GH GW H I Ị J K KP **KW** L M N Ń
NW NY O Ọ P R S SH T U Ụ V W Y Z

Kwaturu
Knocked over

Chinyere **kwaturu** ihe niile.
Chinyere **knocked** everything **over**.

Kwazie
Mend

Biko **kwazie** uwe agbamakwụkwọ m.
Please **mend** my wedding gown.

Kwe n'aka
Handshake / Shaking hands

Ha abụọ na-e**kwe n'aka**.
Both of them are **shaking hands.**

Kwee nkwa
Promise

Ngọzị na-e**kwe nkwa** na ọ ga abịa.
Ngọzị **promised** that she will come.

A B CH D E F G GB GH GW H I Ị J K KP **KW** L M N Ń
NW NY O Ọ P R S SH T U Ụ V W Y Z

Kwee ukwe
Sing

Ha sịrị Adamma **kwee ukwe**.
They told Adamma to **sing**.

Kwenye
Believe / Agree to

Ọlụchi **kwenye**re na Chukwu.
Ọlụchi **belive**s in God.

Kwere
Agree

Ha **kwere** na orụ ga-ebido echi.
They **agreed** that the work will
start tomorrow.

Kwọọ aka
Wash hands

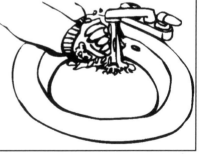

Biko **kwọọ aka** gị oge niile.
Please **wash** your **hands** always.

A B CH D E F G GB GH GW H I Ị J K KP **KW** LM N Ń
NW NY O Ọ P R S SH T U Ụ V W Y Z

Kwọ n'azụ
Carry on the back / Piggyback

Ifeọma **kwọọ** nwa ya **n'azụ**.
Ifeoma is **carry**ing her baby **on the back**.

Kwọsa
Splash

Chika ji ụkwụ ya **akwọsa** Olisa mmiri.
Chika is using her legs to **splash** water on Olisa.

Kwuchie
Close

Biko **kwuchie** ite Nneka.
Please **close** Nneka's pot.

Kwughee
Open

Kwughee efere ka anyị hụ ihe dị n'ime.
Open the plate let's see what's inside.

A B CH D E F G GB GH GW H I Ị J K KP **KW** LM N Ń
NW NY O Ọ P R S SH T U Ụ V W Y Z

Kwuo
Say

Ka m **kwuo** ihe ha mere.
Let me **say** what they did.

Kwụ anwụrụ
Giving out smoke

Ụgbọala a na-a**kwụ anwụrụ**.
This car is **giving out smoke**.

Kwụ ọtọ
Standing

Chimuanya **kwụ ọtọ** .
Chimuanya is **standing**.

Kwụsị
Stop

Kwụsị ebe ahụ!
Stop right there!

A B CH D E F G GB GH GW H I Ị J K KP **KW** L M N Ń
NW NY O Ọ P R S SH T U Ụ V W Y Z

Ll

Larịị
Smooth

Okporo ụzọ a dị **larịị**.
This road is **smooth**.

Lebanye anya
Research / Investigate / Look into

Mmadụakọ na-e**lebanye anya** n'ihe mere taa.
Mmadụakọ is **investigating** what
happened today.

Lee anya
Look

Lee m **anya**.
Look at me.

A B CH D E F G GB GH GW H I Ị J K KP KW **L** M N Ń
NW NY O Ọ P R S SH T U Ụ V W Y Z

Leta
Letter

Onye ziteere anyị **leta** a?
Who sent us this **letter**?

Loo / Noo
Swallow

Ị sị m **loo** azụ a?
Did you tell me to **swallow** this fish?

Lọgọọ / Gbagọọ / Rọgọọ
Twisted / Crooked

Ọ kụrụ ntu, ntu **lọgọọ**.
He hit the nail, and the nail got
crooked.

Lụ ọgụ
Fight

Ha na-akwado **ịlụ ọgụ**.
They are getting ready to **fight**.

A B CH D E F G GB GH GW H I Ị J K KP KW **L** M N Ń
NW NY O Ọ P R S SH T U Ụ V W Y Z

Mm

Ma
Know

Anyị **ma** ebe anyị na-aga.
We **know** where we are going.

Mabeghi
Don't know yet

Agụ **amabeghi** ihe ọ ga-eri.
The leopard **doesn't yet know** what to eat.

Machie
Cover / Wrap

Kọlịa gwara ha **machie** onyinye ahụ.
Kọlịa told them to **wrap** the gift.

A B CH D E F G GB GH GW H I Ị J K KP KW L **M** N Ń
NW NY O Ọ P R S SH T U Ụ V W Y Z

Maghị
Don't know / Not sure

Osita **amaghị** ihe ọ ga ekwu.
Osita **doesn't know** what to say.

Mahadum
University

Ọbịanuju apụtala na **mahadum**.
Ọbịanuju has graduated from the
university.

Makụọ
Hug / Embrace

Nkechi hụrụ di ya, wee **makụọ** ya.
Nkechi saw her husband, and **hugged**
him.

Makpuru
Lie face down

Nne gwara Ike **makpuru** n'ahịhịa.
Mother told Ike to **lie face down**
on the grass.

A B CH D E F G GB GH GW H I Ị J K KP KW L **M** N Ń
NW NY O Ọ P R S SH T U Ụ V W Y Z

Malitere
Started

Ụlọakụ **malitere** gụwa akwụkwọ ya ụgbụ a.
Ụlọakụ **started** reading her book now.

Mama
Mother

Chinekwu yiri **mama** ya.
Chinekwu looks like her **mother**.

Mamịwọta / Agbọghọ mmụọ
Mermaid

Anyị nụrụ akụkọ **mamịwọta** taa.
We heard a **mermaid** story today.

Manye aka
Put hands (into)

Nọnsọ **manye**re **aka** n'ime mbumbu.
Nọnsọ **put** his **hand** into the trash.

A B CH D E F G GB GH GW H I Ị J K KP KW L **M** N Ń
NW NY O Ọ P R S SH T U Ụ V W Y Z

Mara mma
Beautiful

Adaọra **mara mma**.
Adaọra is **beautiful**.

Mba
Country

Amaghị m **mba** ha si.
I don't know which **country** they
come from.

Mba
No

Asị m **mba**!
I said **no**!

Mba
Scold

Ha na-abara onwe ha **mba**.
They are **scold**ing each other.

A B CH D E F G GB GH GW H I Ị J K KP KW L **M** N Ń
NW NY O Ọ P R S SH T U Ụ V W Y Z

Mbadamba
Flat/Wide

Onyonyo a dị **mbadamba**.
This TV is **wide**.

Mbala
Frog

Obi dị **mbala** a mma.
This **frog** is happy.

Mbam
Canoe

Ọ nweghị onye nọ n'ime **mbam** a.
There is no one inside this **canoe**.

Mbe
Tortoise

Anyị hụru **mbe** taa.
We saw a **tortoise** today.

A B CH D E F G GB GH GW H I Ị J K KP KW L **M** N Ń
NW NY O Ọ P R S SH T U Ụ V W Y Z

Mbechara
Slice / Piece

Ọnye nwe **mbechara** achịchaụtọ a?
Who owns this **slice** of cake?

Mberede
Accident

Mberede a mere ugbua.
This **accident** happened now.

Mbo
Window

Mechie **mbo** a biko.
Please shut the **window**.

Mbọ / Mvọ
Nails (Finger / Toenails)

Mbọ aka ya toro ogologo.
Her finger**nails** are long.

A B CH D E F G GB GH GW H I Ị J K KP KW L **M** N Ń
NW NY O Ọ P R S SH T U Ụ V W Y Z

Mbọ
Work hard / Try hard

E ji igba **mbọ** mara ndịigbo.
Igbo people are known for **working hard**.

Mbụ / Izizi
First

Ha bụ ndị **mbụ** bịarutere ebe a.
They are the **first** people to get here.

Mbụbọ
Garden

Ha na-akọ ihe na **mbụbọ**.
They are planting in the **garden**.

Mbumbu
Trash / Bin

Mbumbu a na-esi isi.
This **trash** is smelly.

A B CH D E F G GB GH GW H I Ị J K KP KW L **M** N Ń
NW NY O Ọ P R S SH T U Ụ V W Y Z

Mebiri
Spoilt

Ncheanwụ Uchenna **mebiri** emebi.
Uchenna's umbrella is **spoilt**.

Mechie ọnụ
Shut up / Close / Shut (your) mouth

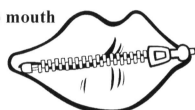

Mechie ọnụ gị.
Shut your **mouth**.

Meghere
Opened

Obiekwe **meghere** ukondọpụta.
Obiekwe **opened** the drawer.

Meriri
Won

Nwamaka **meriri** asọmpi edemede.
Nwamaka **won** the writing competition.

A B CH D E F G GB GH GW H I Ị J K KP KW L **M** N Ń
NW NY O Ọ P R S SH T U Ụ V W Y Z

Mezie
Mend / Repair

Amadi richara nri, **mezie** ụbụ.
Amadị finished eating, and **mend**ed
the net.

Mgba
Wrestling

Ha na-agba **mgba**.
They are **wrestling**.

Mgbada
Antelope

Ebe a ka a na-ahụkarị **mgbada**.
This is usually the place where you can
see **antelopes**.

Mgbidi
Wall

Ana ma arụ **mgbidi** ọhụụ.
I am building a new **wall**.

A B CH D E F G GB GH GW H I Ị J K KP KW L **M** N Ń
NW NY O Ọ P R S SH T U Ụ V W Y Z

Mgbịrịmgba
Bell

Ị nụrụ ka **mgbịrịmgba** kụrụ?
Did you hear the **bell** ring?

Mgbo
Gate

A kpọchiela m **mgbo**.
I have locked the **gate**.

Mgbọnzu
Blackboard

Dozie na-ede ịhe na **mgbọnzu**.
Dozie is writing something on the **blackboard**.

Mgbọọkwa
Noticeboard / Bulletin board

Belụchi na-etinye ọkwa na **mgbọọkwa**
Belụchi is putting up a notice on the **noticeboard**.

A B CH D E F G GB GH GW H I Ị J K KP KW L **M** N Ń
NW NY O Ọ P R S SH T U Ụ V W Y Z

Mgbu
Ache

Nneka nwere afọ **mgbu**.
Nneka has tummy **ache**.

Mịa
Suck

Ha gwara Nnadozie **mịa** mmanya ya .
They told Nnadozie to **suck** his drink.

Mịpụta
Sneak (out)

Ụmụ nwamba a chọrọ **imịpụta** n'ụlọ.
The kittens want to **sneak out** of the
house.

Mkpa
Scissors

A hụla m **mkpa** m.
I have seen my **scissors**.

A B CH D E F G GB GH GW H I Ị J K KP KW L **M** N Ń
NW NY O Ọ P R S SH T U Ụ V W Y Z

Mkpọrọ / Mkpọ / Mkpa
Walking stick

Wetara m **mkpọrọ** ahụ.
Get me that **walking stick**.

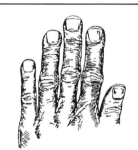

Mkpịsịaka
Fingers

Gosi m **mkpịsịaka** gị.
Show me your **fingers**.

Mkpịsịọdịde / Mkpịsịnhicha
Pencil

Biko pịara m **mkpịsịọdịde** a.
Please sharpen this **pencil** for me.

Mkpịsịokpomọkụ
Thermometer

Anyị achọtala **mkpịsịokpomọkụ**.
We have found the **thermometer**.

A B CH D E F G GB GH GW H I Ị J K KP KW L **M** N Ń
NW NY O Ọ P R S SH T U Ụ V W Y Z

Mkpịsịụkwụ
Toes

Lee **mkpịsịụkwụ** m.
Look at my **toes**.

Mkpịsịuli
Pen

A zụtara m **mkpịsịuli** ọhụụ.
I bought a new **pen**.

Mkpọ
Container

Chịọma zụtara udi **mkpọ** di iche iche.
Chịọma bought different kinds of **containers**.

Mkpocha
Dustpan

Onye hụrụ **mkpocha** m?
Who has seen my **dustpan**?

A B CH D E F G GB GH GW H I Ị J K KP KW L **M** N Ń
NW NY O Ọ P R S SH T U Ụ V W Y Z

Mkpọchi
Button

Mkpọchi a di oji.
This **button** is black.

Mkpọchiuwe
Zip / Zipper

Mkpọchiụwe a na-egbuke egbuke.
This **zip** is shining.

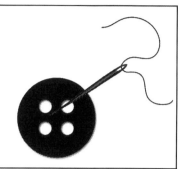

Mkpọrọngwụrọ
Crutches

Oliakụ ji **mkpọrọngwụrọ** aga ije taa.
Oliakụ is walking with **crutches** today.

Mkpọtụ
Noise / Commotion

Ha niile na-eme oke **mkpọtụ**.
They are all making a lot of
noise.

A B CH D E F G GB GH GW H I Ị J K KP KW L **M** N Ń
NW NY O Ọ P R S SH T U Ụ V W Y Z

Mkpụmkpụ
Short

Di ya dị **mkpụmkpụ**.
Her husband is **short**.

Mkpụrụ
Seed

Kedụ ụdị **mkpụrụ** ọ na-agha?
What kind of **seed** is he sowing?

Mkpụrụego
Coins

Mkpụrụego juru n'akpa Amoge.
Amoge's bag is full of **coins**.

Mkpụrụosisi
Fruit

Gụọ udi **mkpụrụosisi** dị na nkata a.
Count the different kinds of **fruits** in
this basket.

A B CH D E F G GB GH GW H I Ị J K KP KW L **M** N Ń
NW NY O Ọ P R S SH T U Ụ V W Y Z

Mma
Knife

Mma a dị nkọ.
This **knife** is sharp.

Mmadụ
Person / Human being

Mgbala bụ ezigbo **mmadụ**.
Mgbala is a good **person**.

Mmanụ
Oil

Kedụ udi **mmanụ** bụ ihe a?
What kind of **oil** is this?

Mmanụañụ
Honey

Aga m etinye **mmanụañụ** na achịcha m.
I will put **honey** in my bread.

A B CH D E F G GB GH GW H I Ị J K KP KW L **M** N Ń
NW NY O Ọ P R S SH T U Ụ V W Y Z

Mmanya
Drink

Gbanyetụ m otu iko **mmanya** ahụ.
Pour me a cup of that **drink**.

Mmanyaụtọ
Softdrink / Soda / Fizzy drink / Mineral

Mmanyaụtọ na-amasị m nke ukwu.
I like **softdrinks** a lot.

Masị / Mmasị
Like

Mmiriozuzo na-**amasị** m.
I **like** the rain.

Mmemme
Party / Celebration / Event

Anyị nọ na **mmemme** ụlọ ọrụ anyị.
We are at our office **party**.

A B CH D E F G GB GH GW H I Ị J K KP KW L **M** N Ń NW NY O Ọ P R S SH T U Ụ V W Y Z

Mmiri
Water

Onye na-agbafusi **mmiri** a?
Who is wasting this **water**?

Mmiriara
Milk

Nkem na-agbanye **mmiriara** n'ime ọkụ.
Nkem is pouring some **milk** into the bowl.

Mmiriọṅụṅụ
Drinking Water

Nna m gwara m nye ya **mmiriọṅụṅụ** .
My father told me to give him
drinking water.

Mmirioroma
Orange juice

Anyị na-achọ iṅụ **mmirioroma**.
We are about to drink some
orange juice.

A B CH D E F G GB GH GW H I Ị J K KP KW L **M** N Ń
NW NY O Ọ P R S SH T U Ụ V W Y Z

162

Mmiriozuzo
Rain

Mmiriozuzo amaka.
Rain is good.

Mpanaka
Lantern

Bunye m **mpanaka** ahụ.
Give me that **lantern**.

Mpata
Stool

Mpata obere a siri ike.
This little **stool** is strong.

Mpi
Horn

Mpi abụọ dị ebe a.
Two **horns** are here.

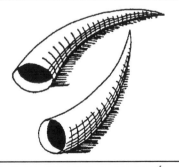

A B CH D E F G GB GH GW H I Ị J K KP KW L **M** N Ń
NW NY O Ọ P R S SH T U Ụ V W Y Z

Mpịcha
Sharpner

Achọtala m **mpịcha** m.
I have found my **sharpner**.

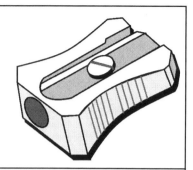

Mpio
Drainage hole/ Escape hole
(in wall)

Oke ahụ banyere n'ime **mpio**.
That mouse entered the **drainage hole**.

Mposi
Toilet

Anyị na-asa **mposi** ụbọchi satọdee ọbụla.
We wash the **toilet** every Saturday.

Msereonwe
Selfie

Chioma na-ese **msereonwe** ụbọchị ọbụla.
Chioma takes **selfies** everyday.

A B CH D E F G GB GH GW H I Ị J K KP KW L **M** N Ń
NW NY O Ọ P R S SH T U Ụ V W Y Z

164

Mmụọ ọzi / Mmụọ ọma
Angel

Ike gwụrụ **mụọọma** a.
This **angel** is tired.

Mvo/ Mbọ
Comb

Biko tụụtara m **mvọ** a .
Pick up the **comb** for me, please.

Mwonaka
Gloves

Ugonna yi **mwonaka** ya.
Ugonna is wearing his **gloves**.

Mwonụkwụ
Socks

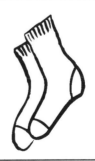

Gịnị ka **mwonụkwụ** a na-acha?
What colour are these **socks**?

A B CH D E F G GB GH GW H I Ị J K KP KW L **M** N Ń
NW NY O Ọ P R S SH T U Ụ V W Y Z

Nn

Naanị / Sọọsọ
Only

Naanị Obiọzọ ga-ericha nri a.
Only Obiọzọ will finish this food.

Ncha
Soap

E ji m **ncha** akwọ aka m.
I am washing my hands with **soap**.

Ncha / Niile
All

Anyị **ncha** na-enwe aṅụrị.
We are **all** having fun.

A B CH D E F G GB GH GW H I Ị J K KP KW L M **N** Ń
NW NY O Ọ P R S SH T U Ụ V W Y Z

Nchaeze
Toothpaste

Nchaeze a dara n'ala.
This **toothpaste** fell on the
floor.

Ncheanwụ / Etere
Umbrella

Ncheanwụ a buru ibu.
This **umbrella** is big.

Nchete ọmụmụ
Birthday

Taa bụ **nchete ọmụmụ** m.
Today is my **birthday**.

Ndagbu
Kite

Ndagbu ọhụụ m mara mma.
My new **kite** is beautiful.

A B CH D E F G GB GH GW H I Ị J K KP KW LM **N** Ń
NW NY O Ọ P R S SH T U Ụ V W Y Z

Ndasị
Glass

Ekwela ka iko **ndasị** a kụwaa.
Don't let this **glass** cup break.

Ndeakwa
Pressing Iron

Ndeakwa a na-anyị arọ.
This **pressing iron** is heavy.

Ndeewo
Hello

Ndeewo, kedụ aha gị?
Hello, what is your name?

Ndiigbo
Igbo people

Ndiigbo nyeere m aka.
Igbo people helped me.

A B CH D E F G GB GH GW H I Ị J K KP KW L M **N** Ń
NW NY O Ọ P R S SH T U Ụ V W Y Z

Ndiukwe
Choir

Ndi ukwe bịara n'ụlọ anyị.
The **choir** came to our house.

Ndo
Sorry / Feel better soon / Take heart

Ọgọchukwu sịrị nne ya **ndo**.
Ọgọchukwu said **sorry** to her mother.

Ndokwasa
Table

Ndokwasa a dị okirikiri.
This **table** is circular.

Ndokwasa oriri
Dining table

Anyị chọrọ ịzụta **ndokwasa oriri** a.
We want to buy this dining table.

A B CH D E F G GB GH GW H I Ị J K KP KW LM **N** Ń
NW NY O Ọ P R S SH T U Ụ V W Y Z

Ndụdụ
Fork

Eji **ndụdụ** eri nrieriri.
Forks are used to eat
spaghetti.

Nduku / Ji nwa nnụnụ
Potato

Anyị na-eri **nduku** n'ụzọ di iche iche.
We eat **potatoes** in so many different
ways.

Ngala
Preen / Show off

Ijeoma na-eme oke **ngala**.
Ijeoma **preens** herself a lot.

Ngọzị
Blessing

Chukwu nyere anyị nnukwu **ngọzị**
n'afọ a.
God gave us big **blessing**s this year.

A B CH D E F G GB GH GW H I Ị J K KP KW LM N Ń
NW NY O Ọ P R S SH T U Ụ V W Y Z

Ngaji
Spoon

Nye m otu **ngaji**.
Give me a **spoon**.

Ngedegwu
Xylophone

Amaghị m akụ **Ngedegwu**.
I don't know how to play the **xylophone**.

Nguoge
Clock

Onye nyere gị **nguoge** a?
Who gave you this **clock**?

Nguogeaka
Wristwatch

Kedụ **nguogeaka** nke ị chọrọ?
Which wristwatch do you want?

A B CH D E F G GB GH GW H I Ị J K KP KW L M **N** Ń
NW NY O Ọ P R S SH T U Ụ V W Y Z

Ngwere
Lizard

Ngwere nwere ogologo ọdụdụ.
Lizards have long tails.

Ngwụchaizuka
Weekend

Anyị gara mmemme na
ngwụchaizuka a.
We went to a party this **weekend**.

Ngwugwu
Parcel / Package

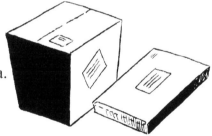

Ngwugwu ndị a bụ nke Uduma.
These **parcels** are Uduma's.

Nchiche
Eraser

Were **nchiche** gị hichaa ya.
Use your **eraser** to clean it.

A B CH D E F G GB GH GW H I Ị J K KP KW L M **N** Ń
NW NY O Ọ P R S SH T U Ụ V W Y Z

Nhiweisi
Pillow

Ndụka ji **nhiweisi** kpuchie isi ya.
Ndụka used a **pillow** to cover
his head.

Niile
All

Akwa **niile** a na-awuli elu.
All these **eggs** are jumping up.

N'ime
Inside

Akwụkwọ ule m dị **n'ime** igbe a.
My exam paper is **inside** this box.

Nje
Germs

Achọghị m inweta **nje** Chikere.
I don't want to get Chikere's
germs.

A B CH D E F G GB GH GW H I Ị J K KP KW L M **N** Ń
NW NY O Ọ P R S SH T U Ụ V W Y Z

173

Njem
Journey

Anyị ebidola **njem**.
We have started the **journey**.

Njem ezumike
Holiday

Mmadụakọ nọ **njem ezumike**.
Mmadụakọ is on **holiday**.

Njem mmapụobi
Adventure

Anyị gara **njem mmapụobi**.
We went on an **adventure**.

Nkapị / Nkakwụ
Shrew

Nkapị nwere isi ọjọọ.
Shrews have a bad smell.

A B CH D E F G GB GH GW H I Ị J K KP KW LM **N** Ń
NW NY O Ọ P R S SH T U Ụ V W Y Z

174

Nkata
Basket

Ọ nweghị ịhe dị na **nkata** a.
This **basket** is empty.

Nkata
Conversation

Ha niile na-akpa **nkata**.
They are all having
conversations.

Nkiri
Movie/Film

Ha gara ile **nkiri** na mgbede a.
They went to watch a **movie** this
evening.

Nkịta
Dog

Nkịta a na-efe ọdụdụ ya.
This **dog** is wagging his tail.

A B CH D E F G GB GH GW H I Ị J K KP KW L M **N** Ń
NW NY O Ọ P R S SH T U Ụ V W Y Z

Nko
Hook

Eji **nko** a egbu azụ.
This **hook** is used for fishing.

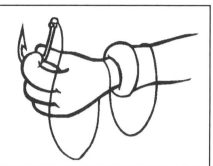

Nkuuwe
Clothes hanger

Nkuuwe ndị a dị anọ.
These **hangers** are four.

Ǹkù
Wings

Nnụnụ niile nwere **nku**.
All birds have **wings**.

Ńkụ́
Firewood

Ikpo **nkụ** a buru ibu.
This pile of **firewood** is big.

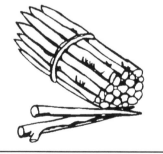

A B CH D E F G GB GH GW H I Ị J K KP KW LM **N** Ń
NW NY O Ọ P R S SH T U Ụ V W Y Z

176

Nkume
Stone / Rock

Nkume ndị a buru oke ibu.
These **stones** are huge.

Nkwa
Stairs

Ha ji ọsọ agbadata **nkwa**.
They are running down the **stairs**.

Nkwago / Ndokwasa
Table

Nke a bụ ọbere **nkwago**.
This is a small **table**.

Nkwọ
Grater

Nkwọ a adighị ọcha.
This **grater** is not clean.

A B CH D E F G GB GH GW H I Ị J K KP KW L M **N** Ń
NW NY O Ọ P R S SH T U Ụ V W Y Z

Nkwọigwe
Blender

Okwuchi **nkwọigwe** a emebiela.
The cover of this **blender** is spoilt.

Nkwụ
Palm tree

Osisi **nkwụ** juru n'ala Igbo.
There are lots of **palm trees** in Igbo
land.

Nna
Father

Mụ na **Nna** m na-asa efere.
My **father** and I are washing
plates.

Nna Ekeresimesi
Santa Claus / Father Christmas

Nna ekeresimesi ku Okenne.
Santa is carrying Okenne.

A B CH D E F G GB GH GW H I Ị J K KP KW L M **N** Ń
NW NY O Ọ P R S SH T U Ụ V W Y Z

Nnaochie
Grandfather / Grandad / Grandpa

Ọ nwere ihe **nnaochie** m na-egosi m.
My **grandad** is showing me something.

Nne
Mother

Nne anyị maara ekwe ukwe.
Our **mother** knows how to sing.

Nne na Nna
Parents

Nne na Nna Eloka bụ ndị nkuzi.
Eloka's **parents** are both teachers.

Nneochie
Grandmother / Gramdmum / Grandma

Nneochie gara ụlọ ọgwụ.
Grandma went to the hospital.

A B CH D E F G GB GH GW H I Ị J K KP KW L M **N** Ń
NW NY O Ọ P R S SH T U Ụ V W Y Z

Nnọọ
Welcome

Ifesinachi sị anyị **nnọọ**.
Ifesinachi told us **welcome**.

Nnu
Salt

Biko fesatụ **nnu** na nri m.
Please sprinkle some **salt** on my food.

Nnụnụ
Bird

Nnụnụ a na-ekwekarị ukwe n'ụtụtụ.
This **bird** always sings in the morning.

Nnwale
Test

Odera amaghị na ha nwere **nnwale** taa.
Odera didn't know that they have a
test today.

A B CH D E F G GB GH GW H I Ị J K KP KW LM **N** Ń
NW NY O Ọ P R S SH T U Ụ V W Y Z

Nọchiri
Block / Obstruct

Nwanyị ahụ **nọchiri** ụgbọala Ike.
That woman **blocked** Ike's car.

Nọdụ ala / Nọrọ ala
Sit down

Nọdụ ala ugbua!
Sit down now!

Nọnyere
Stay with

Biko **nọnyere** m.
Please **stay with** me.

Nri
Food

Nri a na-esi isi ọma.
This **food** smells delicious.

A B CH D E F G GB GH GW H I Ị J K KP KW L M N Ń
NW NY O Ọ P R S SH T U Ụ V W Y Z

Nri abalị
Dinner / Supper

Ugbua ka anyị richara **nri abalị**.
We just finished eating **dinner**.

Nriabụba
Butter

Chike na-ete **nriabụba** n'achịcha ya.
Chike is spreading **butter** on his bread.

Nriawaị
Fastfood

Ka anyị kwụsi ebe a zụta **nriawaị**.
Let us stop here and buy some **fastfood**.

Nri ehihie
Lunch

Anyị na-eri **nri ehihie** ugbua.
We are eating **lunch** now.

A B CH D E F G GB GH GW H I Ị J K KP KW LM **N** Ń
NW NY O Ọ P R S SH T U Ụ V W Y Z

Nri ụtụtụ
Breakfast

Dozie na ụmụ ya eriela **nri ụtụtụ**.
Dozie and his children have
had **breakfast**?

Nrọ
Dream

Okezie na-arọ **nrọ** maka onyinye
ekeresimesi.
Okezie is **dream**ing about Christmas gifts.

Nsakwa
Washing machine

Nsakwa a asụọla uwe elu Nnamdị.
This **washing machine** has washed
Nnamdi's shirt.

Nshịkọ
Crab

Nshịkọ na-ebi na mmiri.
Crabs live in the sea.

A B CH D E F G GB GH GW H I Ị J K KP KW L M **N** Ń
NW NY O Ọ P R S SH T U Ụ V W Y Z

183

Nsị
Poo / Poop / Faeces

Nkita ya nyụrụ **nsị** ebe a.
Her dog did a **poo** here.

Ǹtì
Cheeks

Nti Obi buru ibu.
Obi's **cheeks** are big.

Ńtị̀
Ear

Anyị ji **ntị** anyị anụ ụda.
We use our **ears** to hear sounds.

Ntu
Nails

Ntu ole dị ebe a?
How many **nails** are here?

A B CH D E F G GB GH GW H I Ị J K KP KW L M N Ń
NW NY O Ọ P R S SH T U Ụ V W Y Z

Ntuoyi
Air conditioner

Nkịta a nọ n'ihu **ntuoyi**.
This dog is in front of the
air conditioner.

Ntụọkụ
Radiator / Heater

Biko gbanyụọ **ntụọkụ** a.
Please switch off the **heater.**

Ntụpọ
Spots

Uwe mmiri Nwando nwere ntụpọ.
Nwando's **swimsuit** has spots.

Ntutu
Hair

Ntutu Nneka toro ogologo.
Nneka's **hair** is long.

A B CH D E F G GB GH GW H I Ị J K KP KW L M **N** Ń
NW NY O Ọ P R S SH T U Ụ V W Y Z

Ntụtụ
Injection

A gbara Cheta **ntụtụ** n'ike.
Cheta was given an **injection** on the
bottom.

Nuo / Nuo aka
Push / Shove

Ọjị pụtara, wee **nuo** ụgboala ya **aka**.
Ọjị came out, then **push**ed his car.

Ńzā
Sparrow

Lee **Nza**.
Look at a **sparrow**.

Ǹzà
Strainer / Colander

Saa **nza** ahụ.
Wash that **strainer**.

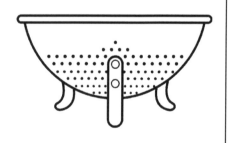

A B CH D E F G GB GH GW H I Ị J K KP KW L M **N** Ń
NW NY O Ọ P R S SH T U Ụ V W Y Z

Nzọ ụkwụ
Foot print

A hụrụ m **nzọ ụkwụ** unu.
I saw your **footprints**.

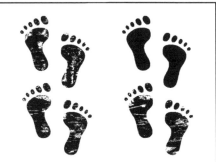

Nzu
Chalk

Mbe ahụ ji **nzu** ede ihe.
The tortoise is writing with **chalk**.

Nzuzo
Secret

Anyị ga-etinye igbe a n'ebe **nzuzo**.
We will put this box in a **secret** place.

Nzukọ
Meeting

Anyị na-enwe **nzụkọ** n'ụlọ ọrụ ugbua.
We are having a **meeting** at work now.

A B CH D E F G GB GH GW H I Ị J K KPKW L M **N** Ń
NW NY O Ọ P R S SH T U Ụ V W Y Z

Ṅn

Ṅachaa
Rinse

Amaka na-aṅacha efere ndị a ọfụma.
Amaka is **rinsing** these plates very
well.

Ṅagharị
Sway

Osisi ndị a na-aṅagharị n'ikuku.
These trees are **sway**ing in the wind.

Ṅefee
Step over

Ka m jiri nwayọọ ṅefee akwa a kụwara akụwa.
Let me carefully **step over** this broken egg.

A B CH D E F G GB GH GW H I Ị J K KP KW LM N Ń
NW NY O Ọ P R S SH T U Ụ V W Y Z

Ṅomi
Imitate / Copy

Buchi na-eṅomi nwanne ya.
Buchi is **imitating** his brother.

Ṅụọ
Drink

Nna ya gwara ya **ṅụọ** mmiri mgbe ọbụla.
His dad told him to **drink** water everytime.

Ṅụrịa
Rejoice

Ka anyị **ṅụrịa**.
Let us **rejoice**.

Ṅụtụ
Sip

Dọkịta sị m **ṅụtụ** mmiri.
The doctor told me to **sip** some water.

A B CH D E F G GB GH GW H I Ị J K KP KW L M N Ń
NW NY O Ọ P R S SH T U Ụ V W Y Z

NWnw

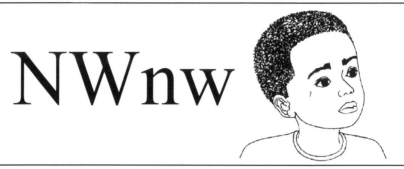

Nwa
Baby

Nnemdị na **nwa** ya na-egwu egwu.
Nnemdị and her **baby** are playing.

Nwaada
Miss

Nke a bụ uwe **Nwaada** Mbanefo.
This is **Miss** Mbanefo's dress.

Nwa atụrụ
Lamb / Ewe

Nwa atụrụ a na-achọ nne ya.
This **lamb** is looking for its mother.

A B CH D E F G GB GH GW H I Ị J K KP KW L M N Ń
NW NY O Ọ P R S SH T U Ụ V W Y Z

Nwa ehi
Calf

Anyị achọtala **nwa ehi**.
We have found the **calf**.

Nwa nkịta
Puppy

Ogechi ku **nwa nkita**.
Ogechi is carrying a **puppy**.

Nwa ọbọgwụ
Duckling

Nwa ọbọgwụ na-akpọ nne ya.
The **duckling** is calling its mother.

Nwabebi
Doll

Ọ naara ya **nwabebi** ya.
He took her **doll** from her.

A B CH D E F G GB GH GW H I Ị J K KP KW L M N Ń
NW NY O Ọ P R S SH T U Ụ V W Y Z

Nwamba
Cat

Nwamba a hụrụ oke.
This **cat** saw a mouse.

Nwandu
Sat Nav / GPS / Car Navigation

A maghị m ebe **nwandu** a kpọ m aga.
I don't know where the **satnav** is
taking me.

Nwa Agbọghọ
Young woman / Young lady

A ma m **nwa agbọghọ** a.
I know this **young lady**.

Nwanne
Sibling (Brother/ Sister)

Onye a bụ **nwanne** m.
This person is my **sibling**.

A B CH D E F G GB GH GW H I Ị J K KP KW L M N Ń
NW NY O Ọ P R S SH T U Ụ V W Y Z

Nwaanyị
Woman

Nwaanyị a na-abịa n'ụlọ anyị.
This **woman** is coming to our house.

Nwata
Child

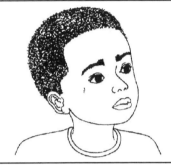

Nwata a dị afọ isii.
This **child** is six years old.

Nwata Nwanyị
Girl

Nwata nwanyị a na-egwu egwu.
This **girl** is playing.

Nwata Nwoke
Boy

Nwata nwoke a anaghị ege nna ya ntị.
This **boy** doesn't listen to his father.

A B CH D E F G GB GH GW H I Ị J K KP KW LM N Ń
NW NY O Ọ P R S SH T U Ụ V W Y Z

Nwayọ
Quiet

Eze ji **nwayọ** aga ije.
Eze is walking **quietly**.

Nwere
Have / Has

Ha **nwere** ụmụụmụ iri na abụọ.
They **have** twelve grandchildren.

Nwoke
Man

Nwoke a ji mkpara.
This **man** is holding a walking stick.

Nwunye
Wife

Nwunye Oseloka bụ Osinri.
Oseloka's **wife** is a chef.

A B CH D E F G GB GH GW H I Ị J K KP KW L M N Ń
NW NY O Ọ P R S SH T U Ụ V W Y Z

Nwụọ
Die

Gịnị mere okooko a jiri **nwụọ**?
Why did this flower **die**?

NYny

Nya anwụ
Sunbathe

Kenechukwu na-a**nya anwụ**.
Kenechukwu is **sunbathing**.

Nya anya
Sticky

Aka m na-a**nya anya**.
My hands are **sticky**.

A B CH D E F G GB GH GW H I Ị J K KP KW L M N Ń
NW NY O Ọ P R S SH T U Ụ V W Y Z

Nyaa
Drive

Udoka na-a**nya** ụgbọala ya.
Udoka is **driving** his car.

Nyado
Stick together / Glue together

Ha ji eso a**nyado** akwụkwọ.
They are using glue to **stick**
paper **together**.

Nye
Give

Ha gwara ya **nye** Gọzie onyinye.
They told her to **give** Gọzie a gift.

Nyere aka
Help

Kamsi **nyeere** nwoke ahụ **aka**.
Kamsi **help**ed that man.

A B CH D E F G GB GH GW H I Ị J K KP KW L M N Ń
NW **NY** O Ọ P R S SH T U Ụ V W Y Z

Nyị arọ
Heavy

Igbe Ezinne na-a**nyị arọ**.
Ezinne's suitcase is **heavy**.

Nyo
Peep

Ọ na-e**nyo** Ikenna.
She is **peep**ing at Ikenna.

Nyochaa
Inspect / Investigate /
Examine closely

Ene na-e**nyocha** ịhe ọ chọtara.
Ene is **inspect**ing what he found.

Nyụ maamịrị
Weeing / Urinating / Peeing

Muna na-a**nyụ mammịrị**.
Muna is **wee**ing.

A B CH D E F G GB GH GW H I Ị J K KP KW L M N Ń
NW **NY** O Ọ P R S SH T U Ụ V W Y Z

197

Oo

Obe
Cross

Nke a bụ **obe** osisi.
This is a wooden **cross**.

Óbì
Chest / Heart

Azụka fụrụ **obi** ya.
Azụka puffed out his **chest**.

Òbí
Lounge / Sitting room / Parlour

Ha na-ezu ike na **obi**.
They are resting in the **lounge**.

A B CH D E F G GB GH GW H I Ị J K KP KW L M N Ń
NW NY **O** Ọ P R S SH T U Ụ V W Y Z

Obianụrị
Happy

Ha nwere **obianụrị**.
They are **happy**.

Oche
Chair

Oche a siri ike.
This **chair** is strong.

Oche ndabere
Sofa

Kwapụ **oche ndabere** ahụ
n'ụzọ.
Push the **sofa** away.

Ochengwụrọ
Wheelchair

Ochengwụrọ a siri ike .
This **wheelchair** is strong.

A B CH D E F G GB GH GW H I Ị J K KP KW L M N Ń
NW NY **O** Ọ P R S SH T U Ụ V W Y Z

Ochie
Old

Nkịta chọtara otu akpụụkwụ **ochie**.
The dog found an **old** shoe.

Ofe
Soup / Stew

Ofe a na-esi isi ọma.
This **soup** smells delicious.

Ofe tometo
Tomato stew

Ofe tometo a egheela.
This **tomato stew** is ready..

Ogbenye
Pauper / Poor person

Biko nyere ya aka, ọ bụ **ogbenye**.
Please help him, he is a **pauper**.

A B CH D E F G GB GH GW H I Ị J K KP KW L M N Ń
NW NY **O** Ọ P R S SH T U Ụ V W Y Z

Ogbeosisi
Log of wood

Ebee ka anyị ga ahapụ **ogbeosisi** a?
Where are we going to leave this **log of wood**?

Ogbo
Sponge

Nke a bụ **ogbo** anyị ji asa ahụ.
This is the **sponge** we use for bathing.

Ogbunigwe
Bomb

Ha tụrụ **ogbunigwe** n'etiti ahịa.
They threw a **bomb** in the middle of
the market.

Oge
Early

A gaghị m emecha n'**oge**.
I will not finish **early**.

A B CH D E F G GB GH GW H I Ị J K KP KW L M N Ń
NW NY **O** Ọ P R S SH T U Ụ V W Y Z

Oge
Time

Kedụ **oge** m ga-eji ruo ụlọakwụkwọ?
What **time** will I arrive at school?

Oge
When

Kedụ **oge** nwa a ga-aga ije?
When will this baby walk?

Ogene
Gong

A maara m akụ **ogene**.
I know how to beat the **gong**.

Ogirikoko
Chocolate

Ogirikoko na-amasị m nke ukwu.
I like **chocolates** very much.

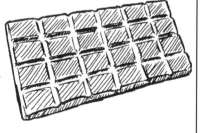

A B CH D E F G GB GH GW H I Ị J K KP KW L M N Ń
NW NY **O** Ọ P R S SH T U Ụ V W Y Z

Ogirikoko ọṅụṅụ
Hot Chocolate

Anyi na-aṅụ **ogirikoko ọṅụṅụ** ugbu a.
We are drinking **hot chocolate**.

Ogologo
Tall

Uju toro **ogologo**.
Uju is **tall**.

Ogweụkwụ
Foot / Leg

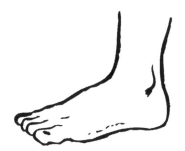

Ogweụkwụ m zara aza.
My **foot** is swollen.

Ogweaka
Arm

Ogweaka ya siri ike.
His **arms** are strong.

A B CH D E F G GB GH GW H I Ị J K KP KW L M N Ń
NW NY **O** Ọ P R S SH T U Ụ V W Y Z

Ogwu
Thorn

Ogwu juru n'osisi a.
There are many **thorns** on this stick.

Ogwuazụ
Fishbone

Ewepụla m **ogwu azụ**.
I have removed the **fishbone**.

Ogwumagana
Chameleon

Anyị hụrụ **ogwumagana** taa.
We saw a **chameleon** today.

Òké
Rat / Mouse

Ụjọ na-atụ **oke** a.
This **mouse** is scared.

A B CH D E F G GB GH GW H I Ị J K KP KW L M N Ń
NW NY **O** Ọ P R S SH T U Ụ V W Y Z

Óké
Huge / Enormous

Ha hụrụ **oke** nzọukwụ.
They saw a **huge** footprint.

Òkè
Portion / Share

Oke nke anyị pere mpe.
Our own **portion** is small.

Ókè
Boundary

Nke a bụ **oke** ezi anyị.
This is the **boundary** of our
compound.

Okeanụ
Bear

Agụụ na-agụ **okeanụ** a.
This **bear** is hungry.

A B CH D E F G GB GH GW H I Ị J K KP KW L M N Ń
NW NY **O** Ọ P R S SH T U Ụ V W Y Z

Okebekee
Guinea pig

Okebekee a nwere nnukwu eze.
This **guinea pig** has big teeth.

Okeọhịa
Forest

Okeọhịa a na-atụ egwu.
This **forest** is scary.

Okeọkpa
Cock / Rooster

Okeọkpa a na-ele gị anya.
This **rooster** is looking at you.

Okirikiri
Circle / Round

Achịchaụtọ a dị **okirikiri**.
This cake is **round**.

A B CH D E F G GB GH GW H I Ị J K KP KW L M N Ń
NW NY **O** Ọ P R S SH T U Ụ V W Y Z

Okooko / Ifuru
Flower

Okooko a na-acha edo edo.
This **flower** is yellow.

Okorobịa
Young man / Lad

Kene etoputala **okorobịa**.
Kene has grown into a **young man**.

Okpete
Sugar cane

Anyị zụtara **okpete** taa.
We bought some **sugarcane** today.

Okpofu
Sweat

Okpofu na-emesi m ike.
I am **sweating** a lot.

A B CH D E F G GB GH GW H I Ị J K KP KW L M N Ń
NW NY **O** Ọ P R S SH T U Ụ V W Y Z

207

Okporouzọ
Road

Okporouzọ a toro ogologo.
This **road** is long.

Okpu
Hat / Cap

Nke a bụ **okpụ** Ifechukwu.
This is Ifechukwu's **hat**.

Okpuru
Under / Below

Ụmụ atụrụ nọ n'**okpuru** osisi.
The lambs are **under** the trees.

Okwe
Checkers / Draughts/ Board game

Ha na-azụ **okwe**.
They are playing **draughts**.

A B CH D E F G GB GH GW H I Ị J K KP KW L M N Ń
NW NY **O** Ọ P R S SH T U Ụ V W Y Z

Okwuchi
Lid / Cover

Chuka tụsara **okwuchi** mkpọ n'ala.
Chuka dropped the container **lid** on the floor.

Okwute
Rocks / Stone

Ụfọdụ ji udi **okwute** a arụ ụlọ.
Some people use these kind of **rocks** to build houses.

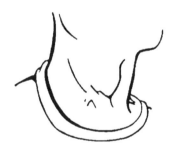

Olu
Neck

Lee anya n'**olu** m.
Look at my **neck**.

Olulu
Hole

Akụkwọ m danyere n'ime **olulu** a.
My book fell inside this **hole**.

A B CH D E F G GB GH GW H I Ị J K KP KW L M N Ń
NW NY **O** Ọ P R S SH T U Ụ V W Y Z

Ome
Seedling / Shoot

Ome a na-eto.
This **seedling** is growing.

Omenala
Culture

Ọmụgwọ bụ **omenala** Igbo dị mkpa.
Ọmụgwo is an important part of Igbo **culture**.

Onye
Who

Onye na-akpọ?
Who is calling?

Onyeagha
Soldier

Onyeagha a bu egbe.
This **soldier** is carrying a gun.

A B CH D E F G GB GH GW H I Ị J K KP KW L M N Ń
NW NY **O** Ọ P R S SH T U Ụ V W Y Z

210

Onyenkuzi
Teacher

Onyenkuzi anyi na-egosi anyị eserese.
Our **teacher** is showing us a picture.

Onyeuweojii
Police

Ugo bu **onyeuweojii**.
Ugo is a **policeman**.

Onyike / Anyaike
Axe

E ji **onyike** awa nkụ.
An **axe** is used to cut firewood.

Onyinye
Gift / Present

Ọnye nwe **onyinye** a?
Whose **gift** is this?

A B CH D E F G GB GH GW H I Ị J K KP KW L M N Ń
NW NY **O** Ọ P R S SH T U Ụ V W Y Z

Onyonyo ọkpụkpụ
Xray

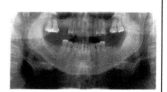

Ha sere m **onyonyo okpụkpụ** ụnyahụ.
They took an **xray** of me yesterday.

Onyonyo
TV / Television

Lee **onyonyo** ọhụụ nna m zụtara.
Look at the new **TV** my father bought.

Opi
Whistle / Flute

Dumebi na-egbu **opi** ugbu a.
Dumebi is blowing the **whistle** now.

Opiike
Trumpet / Horn

Ọ dịghị mfe ịfụ **opiike**.
It is not easy to blow a **trumpet**.

A B CH D E F G GB GH GW H I Ị J K KP KW LM N Ń
NW NY **O** Ọ P R S SH T U Ụ V W Y Z

Oremmanya
Waiter / Waitress

Chiaka bụ **oremmanya**.
Chiaka is a **waitress**.

Oroma
Orange

Nye m otu **oroma**.
Give me one **orange**.

Oromailu
Lemon

Pinyetu **oromailu** n'ime iko.
Squeeze some **lemon** into the cup.

Oromankịrịsị
Lime

Ọ benyere **oromankịrịsị** n'ime mmanya ya
He sliced some **lime** into his drink.

A B CH D E F G GB GH GW H I Ị J K KP KW L M N Ń
NW NY **O** Ọ P R S SH T U Ụ V W Y Z

Ose
Pepper

Ose ogologo a na-ekpo ekpo.
This long **pepper** is very hot.

Oseahịrị
Ruler

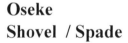

A na m achọ **oseahịrị** m.
I am looking for my **ruler**.

Oseke
Shovel / Spade

Were **oseke** gwuo olulu.
Use the **shovel** to dig a hole.

Osikapa
Rice

Anyị ga-eri **osikapa** taa.
We will eat **rice** today.

A B CH D E F G GB GH GW H I Ị J K KP KW LM N Ń
NW NY **O** Ọ P R S SH T U Ụ V W Y Z

Osimiri
River

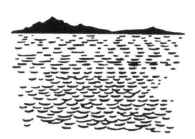

Anyị gbafere **osimiri** Niger taa.
We drove past **river** Niger today.

Osinri
Chef

Eloka bụ **osinri** onyeisiala.
Eloka is the president's **chef**.

Osisi
Tree

Anyị gwuru egwu n'okpuru **osisi** a.
We played under this **tree**.

Osisi
Wood

A ga-eji **osisi** a rụọ oche.
This **wood** will be used to build chairs.

A B CH D E F G GB GH GW H I Ị J K KP KW L M N Ń
NW NY **O** Ọ P R S SH T U Ụ V W Y Z

Osisi ekeresimesi
Christmas tree

Onye chọrọ **osisi ekeresimesi** a mma?
Who decorated this **christmas tree**?

Osuọkpọ
Praying mantis

Osuọkpọ a na-acha ndụ ndụ.
This **praying mantis** is green in colour.

Otito
Praise

Ọ na-enye Chineke **otito**.
He is **praising** God.

Otu
Team / Group

Ndi **otu** ha meriri asompi bọọlụ nke taa.
Their **team** won the football match today.

A B CH D E F G GB GH GW H I Ị J K KP KW L M N Ń
NW NY **O** Ọ P R S SH T U Ụ V W Y Z

Otuegwu
Band

Ndi **otuegwu** ha na-akpọ egwu
ugbua.
Their **band** is playing music now.

Otutu
Hammer

Eji **otutu** akụ ntu.
Hammers are used to hit nails.

Oyi
Cold

Oyi na-atụ Osita.
Osita is **cold**.

Ozi ikuku
Email

Ndidi na-ezigara Nne ya **ozi ikuku**.
Ndidi is sending her mother an **email**.

A B CH D E F G GB GH GW H I Ị J K KP KW L M N Ń
NW NY **O** Ọ P R S SH T U Ụ V W Y Z

Ọọ

Ọba akwụkwọ
Library

Zinachidi nọ na **ọba akwụkwọ**.
Zinachidi is at the **library**.

Ọba anụmanụ
Zoo

Anyị gara **ọba anụmanụ**.
We went to the **zoo**.

Ọbante
Panties / Underwear

E yi m **ọbante**.
I am wearing **panties**.

A B CH D E F G GB GH GW H I Ị J K KP KW L M N Ń
NW NY O Ọ P R S SH T U Ụ V W Y Z

Ọbaụgbọala
Car park / Car garage

Anyị na-eche gị n'**ọbaụgbọala**.
We are waiting for you at the **car park**.

Ọbere
Small

Ụmụ oke a dị **ọbere**.
These mice are **small**.

Ọbịa
Visitor

Anyị nwere **ọbịa**.
We have **visitors**.

Ọbọaka
Palm

Gosi m **ọbọaka** gị.
Show me your **palm**.

A B CH D E F G GB GH GW H I Ị J K KP KW LM N Ń
NW NY O Ọ P R S SH T U Ụ V W Y Z

Ọbọgwụ
Duck

Ọbọgwụ na ụmụ ya na-aga njem.
The **duck** and her ducklings are
going on a journey.

Ọcha
Clean

Uwe Ọla dị **ọcha**.
Ọla's dress is **clean**.

Ọcha
White

Eze Chikwe na-acha **ọcha**.
Chikwe's teeth are **white**.

Ọchị
Laugh / Laughter

Ọ na-achị oke **ọchị**.
He **laughs** too much.

A B CH D E F G GB GH GW H I Ị J K KP KW L M N Ń
NW NY O Ọ P R S SH T U Ụ V W Y Z

Ọchịcha / Ụchịcha
Cockroach / Roach

Ọchịcha anaghị amasị m.
I don't like **cockroach**es.

Ọdọmmiri
Swimming pool

Chima nọ n'ịme **ọdọmmiri**.
Chima is in the **swimming pool**.

Ọdọego
ATM / Cash machine

Ọdọego a anaghị arụ ọrụ.
This **ATM** is not working.

Ọdụ ụgbọelu
Airport

Anyi eruola n'**ọdụ ụgbọelu**.
We have arrived at the **airport**.

A B CH D E F G GB GH GW H I Ị J K KP KW L M N Ń
NW NY O Ọ P R S SH T U Ụ V W Y Z

Ọdụdụ
Tail

Ọdụdụ na-afụ ya ụfụ.
His **tail** is hurting.

Ọdụm
Lion

Agụụ na-agụ **ọdụm** a.
This **lion** is hungry.

Ọdụ ụgbọ ọha
Bus Station

Anyị ga-eru **ọdụ ụgbọ ọha** na nkeji ise.
We will arrive at the **bus station** in
five minutes.

Ọfụma
Very well / Properly

Mazị Ene hụrụ torotoro ahụ **ọfụma**.
Mr Ene roasted the turkey **very well**.

A B CH D E F G GB GH GW H I Ị J K KP KW L M N Ń
NW NY O Ọ P R S SH T U Ụ V W Y Z

Ọgazị
Guinea fowl

Dinta welatara **ọgazị** abụọ taa.
The hunter brought back two **guinea fowls** today.

Ọgba
Cave

Chika nyonyere anya n'ime **ọgba**.
Chika peeped into the **cave**.

Ọgbakụrụ
Centipede

Emetukwala **ọgbakụrụ** ahụ aka.
Don't touch that **centipede**.

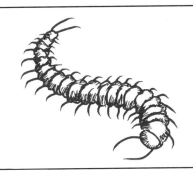

Ọgbakwụ
Funnel

Were **ọgbakwụ** gbanye mmiri n'ime kalama.
Use the **funnel** to pour water into the bottle.

A B CH D E F G GB GH GW H I Ị J K KP KW L M N Ń
NW NY O Ọ P R S SH T U Ụ V W Y Z

Ọgbanaga / Pọmpụ
Tap / Faucet

Gbanyụọ **ọgbanaga** ahụ.
Turn off that **tap**.

Ọgbatumtum
Motorbike

Kalụ ji **ọgbatumtum** ya eme oke mkpọtụ.
Kalụ is using his **motorbike** to make a
lot of noise.

Ọgbọ
Agemates

Ha anọ bụ **ọgbọ**.
Four of them are **agemates**.

Ọgbọ
Public Square / Field / Arena

Ha sị onye ọbụla pụta n'**ọgbọ**.
They told everyone to come out to the
public square.

A B CH D E F G GB GH GW H I Ị J K KP KW L M N Ń
NW NY O Ọ P R S SH T U Ụ V W Y Z

Ọgbụ / Ụdọ
Rope

Ha na-azọ **ọgbụ** ahụ.
They are struggling over the **rope**.

Ọgede
Plantain

Nne m ga-esi **ọgede** n'abalị taa.
My mother will cook **plantains** this night.

Ọgọdọ
Wrapper / Sarong

Kelechi ma **ọgọdọ** n'ukwu.
Kelechi has tied a **wrapper** to his waist.

Ọ̀gụ̀
Fight

Ha na-alụ **ọgụ**.
They are **fight**ing.

A B CH D E F G GB GH GW H I Ị J K KP KW L M N Ń
NW NY O Ọ P R S SH T U Ụ V W Y Z

Ọ́gụ̀
Hoe

Sachapụ unyi dị n'**ọgụ** a.
Wash off the dirt on this **hoe**.

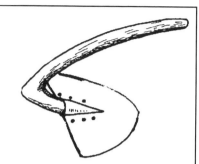

Ọhụụ
New

Ha azụtala ụgbọala **ọhụụ**.
They have bought a **new** car.

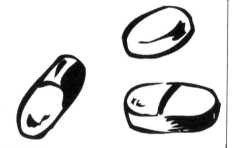

Ọgwụ
Medicines / Pills / Tablets

Ịṅụ **ọgwụ** anaghị amasị m.
I don't like taking **medicine**s.

Ọgwụ mmiri
Syrup / Liquid medicine

Were ngaji ṅụọ **ọgwụ mmiri** ahụ.
Use a spoon to take that **syrup**.

A B CH D E F G GB GH GW H I Ị J K KP KW LM N Ń
NW NY O **Ọ** P R S SH T U Ụ V W Y Z

Ọhịa
Bush

Obiọma na-achọ ukpana n'ime **ọhịa**.
Obiọma is looking for grasshoppers in
the **bush**.

Ọhụachịcha
Toaster

Ọhụachịcha a dị ọkụ.
This **toaster** is hot.

Ọjị
Kolanut

Ọjị dị mkpa na omenala Igbo.
Kolanut is important in Igbo culture.

Ọjọọ
Bad

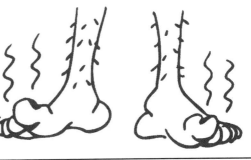

Ụkwụ ya na-esi isi **ọjọọ**.
His feet have a **bad** smell.

A B CH D E F G GB GH GW H I Ị J K KP KW L M N Ń
NW NY O Ọ P R S SH T U Ụ V W Y Z

227

Ọka
Corn / Maize

Ọka juru n'ahịa ugbua.
There are lots of **corn** in the market now.

Ọkachasị
Especially

Ha niile maara ese ihe, **ọkachasị** Ibe.
They all know how to draw, **especially** Ibe.

Ọkaiwu
Lawyer

Nna Ifeanyị bụ **ọkaiwu**.
Ifeanyị's father is a **lawyer**.

Ọkapịogologo
Giraffe

Lee **Ọkapịogologo** na nwa ya.
Look at a **giraffe** and her baby.

A B CH D E F G GB GH GW H I Ị J K KP KW L M N Ń
NW NY O Ọ P R S SH T U Ụ V W Y Z

Ọkara
Half

E bere m mkpụrụosisi a **ọkara.**
I cut this fruit into **half.**

Ọkaụdanta
Popcorn

Ha tinyere ọtọbịrịbịrị n'ime **ọkaụdanta** a.
They put some sugar in this **popcorn.**

Ọkọ
Itch

Ọkọ akọgbuola ya.
She is **itch**ing a lot..

Ọkọbekee
Chickenpox

Nwoke a nwere **ọkọbekee.**
This man has **chickenpox.**

A B CH D E F G GB GH GW H I Ị J K KP KW LM N Ń
NW NY O Ọ P R S SH T U Ụ V W Y Z

Ọkọchị
Dry season / Harmattan

Ụmụ anụmanụ na-achọkarị mmiri n'**ọkọchị**.
Animals usually search for water
in the **dry season**.

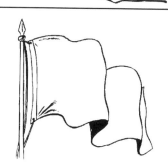

Ọkọlọtọ
Flag

Kedụ obodo nwe **ọkọlọtọ** a?
Which country owns this **flag**?

Ọkọwaokwu
Dictionary

Ikem na-agụ **ọkọwaokwu** Igbo.
Ikem is reading an Igbo **dictionary**.

Ọkpọkọ
Pipe

Ọkpọkọ a dị ochie.
This **pipe** is old.

A B CH D E F G GB GH GW H I Ị J K KP KW L M N Ń
NW NY O Ọ P R S SH T U Ụ V W Y Z

Ọkpụ
Lump

Chike ji otu **ọkpụ** ụrọ.
Chike is holding a **lump** of clay.

Ọkpụkpụ
Bone

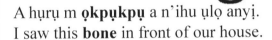

A hụrụ m **ọkpụkpụ** a n'ihu ụlọ anyị.
I saw this **bone** in front of our house.

Ọkpụkpụ ahụ
Skeleton

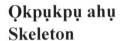

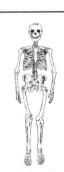

Anyị mụrụ maka **ọkpụkpụ ahụ** taa.
We learnt about **skeleton**s today.

Ọkpụkpụisi
Skull

Lee ka **ọkpụkpụisi** mmadụ na adị.
See what a human **skull** looks like.

A B CH D E F G GB GH GW H I Ị J K KP KW L M N Ń
NW NY O Ọ P R S SH T U Ụ V W Y Z

Ọkpụkpụobi
Ribs / Ribcage

Ọkpụkpụobi na-afụ m ụfụ.
My **ribs** hurt.

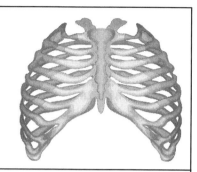

Ọ̀kụ̀
Bowl

Ọkụ Chidịmma buru ibu.
Chidịmma's **bowl** is big.

Ọ́kụ́
Fire

Menyụọ **ọkụ** a.
Put out this **fire**.

Ọ́kụ́
Hot

Tii a dị **ọkụ**.
This tea is **hot**.

A B CH D E F G GB GH GW H I Ị J K KP KW L M N Ń
NW NY O Ọ P R S SH T U Ụ V W Y Z

Ọkụkọ
Hen / Chicken

Gịnị mere **ọkụkọ** a ji agba ọsọ?
Why is this **hen** running?

Ọkụnsacha
Sink

Ọkụnsacha a dị ọcha.
This **sink** is clean.

Ọkwa
Announcement

Nkoli na-ama **ọkwa**.
Nkọlị is making an **announcement**.

Ọkwọlọ
Pelican

Anyị hụrụ **ọkwọlọ** n'akụkụ osimiri.
We saw a **pelican** near the sea.

A B CH D E F G GB GH GW H I Ị J K KP KW L M N Ń
NW NY O Ọ P R S SH T U Ụ V W Y Z

233

Ọkwụrụ
Okro / Okra

E ji **okwụrụ** esi ofe.
Okro is used for cooking soup.

Ọkwụrụbekee
Papaya / Pawpaw

Nne m na-ata **ọkwụrụbekee** ugbua.
My mother is eating **pawpaw** now.

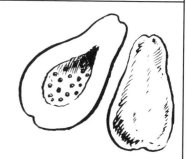

Ọmịyọ / Ihenracha
Candy / Sweets

Ha nyere anyị ọtụtụ **ọmịyọ**.
They gave us lots of **sweets**.

Ọnụ
Mouth

Anyi meghere **ọnụ** anyị.
We opened our **mouth**s.

A B CH D E F G GB GH GW H I Ị J K KP KW L M N Ń
NW NY O Ọ P R S SH T U Ụ V W Y Z

234

Ọnụọgụgụ
Numbers

A maara m agụ **ọnụọgụgụ**.
I know how to count **numbers**.

Ọnwa
Month

Kedụ **ọnwa** anyị nọ na ya ugbu a?
What **month** are we in now?

Ọnwa
Moon

Ọnwa pụtara n'abali taa.
The **moon** appeared this night.

Ọnyà
Trap

E ji udi **ọnya** a ejide oke.
This kind of **trap** is used to catch mice.

A B CH D E F G GB GH GW H I Ị J K KP KW LM N Ń
NW NY O Ọ P R S SH T U Ụ V W Y Z

Ọnyá
Wound / Bruise

Ha na-achị ọchị maka **ọnya** dị ya na nti.
They are laughing because of the
wound on his cheeks.

Ọnyanwududo
Cobweb / Spider's web

A hụrụ m **ọnyanwududo** n'ime ụlọ m .
I saw **cobwebs** in my room.

Ọrụ
Work

Chụkwụdị si **ọrụ** bata ugbua .
Chụkwụdị just came back from **work**.

Ọsa
Squirrel

Ọsa a si n'elu osisi rịdata.
This **squirrel** climbed down from the
tree.

A B CH D E F G GB GH GW H I Ị J K KP KW L M N Ń
NW NY O Ọ P R S SH T U Ụ V W Y Z

Ọsọ
Run

Nwachukwu na-agba **ọsọ** ka ọ chukwute ụgbọelu.
Nwachukwu is **running** to catch a plane.

Ọtọbịrịbịrị
Sugar

Biko tinyere m ọkpụ **ọtọbịrịbịrị** abụọ.
Please put two lumps of **sugar** for me.

Ọtụkpọkpọ
Woodpecker

Ọtụkpọkpọ ekweghị mmadụ rahụ ụra.
The **woodpecker** is not letting anybody sleep.

Ọtụtụ
Plenty / A lot

Ọtụtụ nwamba nọ ebe a.
A lot of cats are here.

A B CH D E F G GB GH GW H I Ị J K KP KW L M N Ń
NW NY O Ọ P R S SH T U Ụ V W Y Z

237

Ọwa
Candle

Ọwa a buru ibu.
This **candle** is big.

Ọwa mkpịsị
Torchlight

Gbanye **ọwa mkpịsị**.
Switch on the **torchlight**.

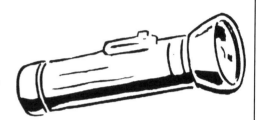

Ọyọ
Rattle

Nwa a ji **ọyọ** ya egwu egwu.
This baby is playing with the **rattle**.

Ọzọdịmgba
Chimpanzee

Anyị hụrụ **ọzọdimgba** n'oba anụmanụ.
We saw a **chimpanzee** at the zoo.

A B CH D E F G GB GH GW H I Ị J K KP KW L M N Ń
NW NY O **Ọ** P R S SH T U Ụ V W Y Z

Pp

Pere mpe
Small / Tiny

Uwe a **pere mpe**.
This dress is **small**.

Pịa
Fold

Ị sị m **pịa** akwa gị.
You told me to **fold** your clothes.

Pịchaa akwa
Wring out / Squeeze out

Ọ na-a**pịcha akwa** ọfụma.
He is **wringing out** the clothes well.

A B CH D E F G GB GH GW H I Ị J K KP KW L M N Ń
NW NY O Ọ **P** R S SH T U Ụ V W Y Z

Pịnyụọ
Switch off

Biko **pinyụọ** ọkụ ahụ.
Please **switch off** the light.

Pio
Squueze under

Ezi a chọrọ i**pio** mgbo.
This pig wants to **squeeze under**
the gate.

Pịrị ọnụ
Pointed

Okpu Kaife **pịrị ọnụ**.
Kaife's hat is **pointed**.

Pọtọpọtọ
Mud

Ezi a na-enwe aṅụrị n'ime **pọtọpọtọ**.
This pig is having fun in the **mud**.

A B CH D E F G GB GH GW H I Ị J K KP KW LM N Ṅ
NW NY O Ọ **P** R S SH T U Ụ V W Y Z

Pụta
Come out

Ọsọndụ gwara m **pụta** n'ime ụlọ.
Ọsọndụ told me to **come out** of the house.

Rr

Rachaa
Lick

Ha na-a**racha** udeoyi.
They are **lick**ing some icecream.

Ree
Sell

Ha gwara Kanene **ree** ụgbọala ya.
They told Kanene to **sell** his car.

A B CH D E F G GB GH GW H I Ị J K KP KW L M N Ń
NW NY O Ọ **P R** S SH T U Ụ V W Y Z

Rere ere
Rotten

Akwụkwọ ya na-esi ka akwa rere ere.
His book is smelling like rotten eggs.

Rie
Eat

Gozie na-eri nri ha sịrị ya **rie**.
Gozie is **eat**ing the food they told him
to eat.

Rigo
Climb

Onye gwara nwata a **rigo** igbe niile a?
Who told this child to **climb** all these
boxes?

Ririgawa
Buffet

Ha nọ na mmemme **ririgawa**.
They are at a **buffet** party.

A B CH D E F G GB GH GW H I Ị J K KP KW LM N Ń
NW NY O Ọ P **R** S SH T U Ụ V W Y Z

Rọgọọ
Twisted

A gwara m gị na ụzọ a **rọgọ**rọ arọgọ.
I told you that this road is **twisted**.

Rọọ nrọ
Dream

Uche **rọrọ nrọ** na o meriri.
Uche **dreamt** that he won.

Rụ aka / Tụ aka
Point

Kedụ ebe ị na-a**rụ aka**?
Where are you **point**ing?

Rụọ
Build

A kwụrụ ya ụgwọ ka ọ **rụọ** mgbidi.
He was paid to **build** a wall.

A B CH D E F G GB GH GW H I Ị J K KP KW L M N Ń
NW NY O Ọ P **R** S SH T U Ụ V W Y Z

Ss

Saa
Wash

Nwando na-a**sa** ụgbọala ndị agbataobi ha.
Nwando is **wash**ing their neighbour's car.

Saghee
Open

Ka m **saghee** nsape ebe m deree mbem ahụ.
Let me **open** the page where I wrote the poem.

See okwu
Quarell

Ndị a na-e**se okwu**.
These people are **quarrell**ing.

A B CH D E F G GB GH GW H I Ị J K KP KW L M N Ń
NW NY O Ọ P R **S** SH T U Ụ V W Y Z

Sekpuo
Kneel

Oge ọbụla m chọrọ ịkpe ekpere, m **sekpuo**.
Whenever I want to pray, I **kneel**.

Si isi
Smelly

Akpa o bu na-e**si isi** ọjọọ.
The bag he is carrying has
a bad **smell**.

Sie
Cook

Ndi enyi Ogbonna gwara ya **sie** nri.
Ogbonna's friends told him to **cook**.

Siri ike
Strong

Chikere **siri ike**.
Chikere is **strong**.

A B CH D E F G GB GH GW H I Ị J K KP KW L M N Ń
NW NY O Ọ P R **S** SH T U Ụ V W Y Z

Sọpụrụ
Respect / Honour

Kamsi na-a**sọpụrụ** nne ya na nna ya.
Kamsi **respect**s his mother and father.

Suo aka
Banging

Tochukwu na-e**su aka** n'ahụ ụlọ.
Tochukwu is **banging** his hand on the wall.

Sụ akwa
Wash clothes

O ji aka **sụọ akwa** ya niile.
She **wash**ed all her **clothes** by hand.

Sụpee
Spell

Uchum na-agwa ya mkpụrụ okwu ọ ga a**supe**.
Uchum is telling him which words to **spell**.

A B CH D E F G GB GH GW H I Ị J K KP KW L M N Ń
NW NY O Ọ P R **S** SH T U Ụ V W Y Z

Susuo ọnụ
Kissing

Nne na nna ya na-e**susu** ya **ọnụ**.
Her parents are **kissing** her.

Sụọ
Pound

Obịageli gwara ha **sụọ** akpụ.
Ọbageli told them to **pound** cassava.

Sụọ ude
Groan

Nwọra na-a**sụ ude** kemgbe ụnyahụ.
Nwọra has been **groan**ing since yester-
day.

Sụọ
Speak / Talk (Langugae)

Ha gwara ya **sụọ** asụsụ ọbụla.
They told her to **speak** any language.

A B CH D E F G GB GH GW H I Ị J K KP KW LM N Ń
NW NY O Ọ P R S SH T U Ụ V W Y Z

SHsh

Shịa ashị
Lie

Ogbodo **shịrị ashị**, imi ya wee too ogologo.
Ogbodo **lie**d, and his nose grew long.

Shie
Become unaffected by

Ụfụ ọnya e**shie**la Chinụa.
Chinụa has **become unaffected** by the
wound.

Shie
Cook

Umunne ya gwara ya **shie** nkwọbi.
His siblings told him to **cook** nkwọbi.

A B CH D E F G GB GH GW H I Ị J K KP KW L M N Ń
NW NY O Ọ P R S **SH** T U Ụ V W Y Z

Shịịrị
Slipped

Mmiri wusara na ala **shịịrị** Nweke.
Nweke **slipped** because of spilled
water on the floor.

Shie ọnya
Set a trap

Anyị hụrụ ka Osita si **shie ọnya**.
We saw how Osita **set** the **trap**.

Tt

Ta
Chew

Gịnị ka Enyinna na-a**ta**?
What is Enyinna **chew**ing?

A B CH D E F G GB GH GW H I Ị J K KP KW L M N Ń
NW NY O Ọ P R S **SH T** U Ụ V W Y Z

Taa
Today

Mmiri ga-ezo **taa**.
It will rain **today**.

Taa
Dry up

Gịnị mere iyi a jiri **taa**?
Why did this stream **dry up**?.

Taa arụ
Bite

Izuchukwu amaghị na Obi ga-a**ta** ya **arụ**.
Izuchukwu didn't know that Obi would **bite** him.

Taa nchara
Rust

Mma a **tara nchara**.
This knife is **rusty**.

A B CH D E F G GB GH GW H I Ị J K KP KW LM N Ń
NW NY O Ọ P R S SH **T** U Ụ V W Y Z

Tabie anya
Blink / Wink

Asịghị m gị **tabie anya**.
I didn't tell you to **wink**.

Takwunye
Whisper

Ọ na-a**takwụnye** m ịhe.
He is **whisper**ing something
to me.

Tometo
Tomatoes

Tometo na-acha mmee mmee.
Tomatoes are red in colour.

Tatambeneke
Dragonfly

A na m ahụkarị **tatambeneke** ma
mmiri zochaa.
I always see **dragonflies** after it rains.

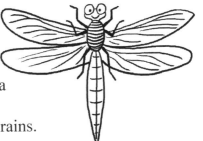

A B CH D E F G GB GH GW H I Ị J K KP KW L M N Ń
NW NY O Ọ P R S SH **T** U Ụ V W Y Z

251

Taya / Afọ moto
Tyre

Alozie na-aruzi **taya**.
Alozie repairs **tyres**.

Tee ude
Rub cream

Njideka na-e**te ude** na azụ di ya.
Njideka is **rubbing cream** on her
husband's back.

Tie mkpu
Shout / Scream

Gini mere i jiri **tie mkpu**?
Why did you **scream**?

Tinye
Put

Tinye akwụkwọ ahụ n'ime mbumbu.
Put the paper inside the trash.

A B CH D E F G GB GH GW H I Ị J K KP KW L M N Ń
NW NY O Ọ P R S SH **T** U Ụ V W Y Z

Tiwaa / Kụwaa
Break

Kalama a dara, wee **tiwaa**.
This bottle fell and **broke**.

Tọghee
Unwrap

Ụmụ ejima **tọghe**re onyinye e nyere ha.
The twins **unwrap**ped the gift they were
given.

Tọrọ ụtọ / Sọrọ ụsọ
Delicious

Achịchaọkpọọ a **tọrọ ụto**.
These cookies are **delicious**.

Tọọ / Gbasaa
Spread (on a surface)

Nnamdị na-aga ịtọ **ute** n'ala.
Nnamdị is going to **spread** the
mat on the floor.

A B CH D E F G GB GH GW H I Ị J K KP KW L M N Ń
NW NY O Ọ P R S SH **T** U Ụ V W Y Z

253

Tọrọ
Older than

Odera **tọrọ** nwanne ya nwanyị.
Odera is **older than** his sister.

Torotoro
Turkey

Nnukwu **torotoro** a na-emekarị mkpọtụ.
This big **turkey** always makes noise.

Tụ
Peck

Ọkụkọ a na-a**tụ** nri dasara n'ala.
This hen is **peck**ing at the food that fell
on the floor.

Tụ aka / Rụ aka
Point at

Ọ nwere ihe ọ na-a**tụ aka**.
He is **pointing at** something.

A B CH D E F G GB GH GW H I Ị J K KP KW LM N Ń
NW NY O Ọ P R S SH **T** U Ụ V W Y Z

Tụọ / Maa
Measure

Onye nkuzi gwara Ifedị ya **tụọ** ogologo ya.
The teacher told Ifedị to **measure** his height.

Tufuo
Throw away

Onye gwara Orindu ka ọ **tufuo** azụ unere?
Who told Orindu to **throw** the banana peel
away?

Tukwu
Squat

Marizu **tukwu**ru ala ugbua.
Marizu is **squat**ting now.

Tụnye
Throw (something) into

Chima **tụnye**re ihe na mbumbu.
Chima **threw** something **into** the wastebasket.

A B CH D E F G GB GH GW H I Ị J K KP KW L M N Ń
NW NY O Ọ P R S SH **T** U Ụ V W Y Z

Tụọ agwa
Multicoloured

Akwa a **tụrụ agwa**.
This cloth is **multicoloured**.

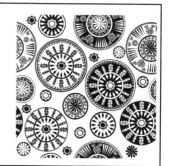

Tụọ mbọ
Pinch

Ka m **tụọ** onwe m **mbọ**.
Let me **pinch** myself.

Tụpụrụ
Threw aside

Eze a **tụpụrụ** nri ka ogbenye ahụ were.
The King **threw** his food **aside** so that
the poor man could take it.

Tụsa
Drip

Mmiri na-a**tụsa** n'ala.
Water is **dripping** on the floor.

A B CH D E F G GB GH GW H I Ị J K KP KW LM N Ń
NW NY O Ọ P R S SH **T** U Ụ V W Y Z

Tụsatụsa
Perfume

Nkem na-agba **tụsatụsa** Nne ya.
Nkem is spraying her mother's
perfume.

Tụụta
Pick up

Biko **tụụta** akwụkwọ ndị dara n'ala.
Please **pick up** the books that fell on
the floor.

Uu

Ube ọcha
Pear

Zụtara m **ube ọcha** n'ahịa.
Buy some **pears** for me at the
market.

A B CH D E F G GB GH GW H I Ị J K KP KW L M N Ń
NW NY O Ọ P R S SH **T** U Ụ V W Y Z

Ubu
Shoulder

Ubu na-egbu ya mgbu.
His **shoulders** are aching.

Uchichi / Anyasị / Abalị
Night

Anyị anaghị ahụ ụzọ ọfụma n'**uchichi**.
We don't see well at **night**.

Ude
Cream

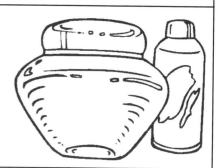

Ude a na-esi isi ọma.
This **cream** has a lovely smell.

Udele
Vulture

Udele na-eri anụ rere ere.
Vultures eat rotten meat.

A B CH D E F G GB GH GW H I Ị J K KP KW L M N Ń
NW NY O Ọ P R S SH T **U** Ụ V W Y Z

Udeoyi
Icecream

A na-ere **udeoyi** ebe a.
Ice cream is sold here.

Udu
Musical clay pot

Udu so na ngwa egwu anyị nwere.
The **musical clay pot** is part of the musical instruments we have.

Ududo
Spider

Ududo juru n'ime ụlọ a.
There are many **spiders** in this room.

Udummiri
Rainy Season

Anaghị m apụkarị apụ n'oge **udummiri**.
I don't always go out during the **rainy season**.

A B CH D E F G GB GH GW H I Ị J K KP KW L M N Ń
NW NY O Ọ P R S SH T U Ụ V W Y Z

Uduoyi
Winter

Oyi na-atụ nke ukwu ọge **uduoyi**.
It is very cold during **winter**.

Ufu
Fox

Ufu a na-enyonye anya n'ime ụlọ anyị.
This **fox** is peeping into our house.

Ugbene
Feather

Nke a bụ **ugbene** ọkụkọ.
This is a hen's **feather**.

Ugbo
Farm

Onye nwe **ugbo** a?
Whose **farm** is this?

A B CH D E F G GB GH GW H I Ị J K KP KW LM N Ń
NW NY O Ọ P R S SH T **U** Ụ V W Y Z

Ugbua
Now

Ha nọ n'ụlọnri **ugbua**.
They are at a restaurant **now**.

Ugegbeanya / Enyoanya
Eyeglasses / Spectacles

Nke a bụ **ugegbe anya** onye
nkuzi anyị.
This is our teacher's **spectacles**.

Ugiri / Ujiri
Mango

Anyị nwere osisi **ugiri** n'ihu ụlọ anyị.
We have a **mango** tree in front of our
house.

Ugo
Hawk

Ugo a na-achọ ifetu.
This **hawk** is about to land.

A B CH D E F G GB GH GW H I Ị J K KP KW L M N Ń
NW NY O Ọ P R S SH T **U** Ụ V W Y Z

261

Ugwu
Hill

Ọtụtụ **ugwu** juputara n'Enugu.
There are a lot of **hills** in Enugu.

Ugwu
Respect

Ụmụakwụkwọ niile na-akwanyere
Afam **ugwu**.
All the students **respect** Afam.

Uko
Shelf

Eji ndasị mee **uko** a.
This **shelf** is made of glass.

Ukondọpụta
Drawer

Ihe dị iche iche dị na **ukondọpụta** a.
There are different things inside
this **drawer**.

A B CH D E F G GB GH GW H I Ị J K KP KW L M N Ń
NW NY O Ọ P R S SH T U Ụ V W Y Z

Ukwe
Song

Ha atọ na-ekwe **ukwe**.
Three of them are singing a **song**.

Ukwu
Waist

Enyimmiri chọrọ ịma ka **ukwu** ya ha.
The hippo wants to know how big her
waist is.

Ule
Exam

Esomchi nwere **ule** taa.
Esomchi has an **exam** today.

Uli
Ink / Dye

Nye m iko **uli** ahụ.
Give me the **ink** container.

A B CH D E F G GB GH GW H I Ị J K KP KW L M N Ń
NW NY O Ọ P R S SH T U Ụ V W Y Z

Umengwụ
Lazy

Chuka bụ onye **umengwụ**.
Chuka is a **lazy** person.

Unere
Banana

Unere na-amasị m.
I like **bananas**.

Urukpu / Urukpuru
Cloud

Urukpu juru n'igwe.
There are a lot of **clouds** in the sky.

Usekwu
Kitchen

Ehichaala m **usekwu** anyị.
I have cleaned our **kitchen**.

A B CH D E F G GB GH GW H I Ị J K KP KW LM N Ń
NW NY O Ọ P R S SH T U Ụ V W Y Z

Ute
Mat

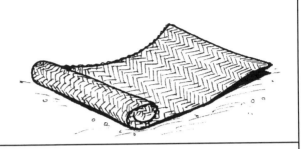

A kpara **ute** a akpa.
This **mat** is woven.

Uwe
Clothes

Chioma nwere **uwe** dị iche iche.
Chioma has different kinds of **clothes**.

Uweelu
Shirt

A zụtara m **uweelu** ọhụụ.
I bought a new **shirt**.

Uwemkpuchi
Coat / Jacket

Mazị Idide yi **uwemkpuchi** ochie.
Mr worm is wearig an old **coat**.

A B CH D E F G GB GH GW H I Ị J K KP KW L M N Ń
NW NY O Ọ P R S SH T U Ụ V W Y Z

Uwemwonye
T shirt

A chọrọ m ụdị **uwemwonye** a.
I want this kind of **T shirt**.

Uwemwụda
Dress

Uwemwụda Nwando mara mma.
Nwando's **dress** is beautiful.

Uweoyi
Cardigan / Sweater / Jumper

Ikeolisa yi **uweoyi**.
Ikeolisa is wearing a **cardigan**.

Uweukwu
Skirt

Ntụpọ juputara na **uweukwu** Ọzọbịalụ.
There are lots of spots on Ọzọbịalụ's **skirt**.

A B CH D E F G GB GH GW H I Ị J K KP KW L M N Ń
NW NY O Ọ P R S SH T U Ụ V W Y Z

Uweụra
Pajamas / Nightdress

Ekene yi **uweụra** ya.
Ekene is wearing his **pajamas**.

Uzere
Sneeze

Chijioke na-eze **uzere**.
Chijioke is **sneezing**.

Uzu / Uzu mmiri
Hail storm

Uzu mmiri ekweghi ụgbọala a zuo ike.
The **hailstorm** is not letting this car
rest.

Uzuzu / Abaja
Dust / Fine sand

Ka anyị hichaa **uzuzu** dị n'uko.
Lets clean the **dust** on the shelves. .

A B CH D E F G GB GH GW H I Ị J K KP KW L M N Ń
NW NY O Ọ P R S SH T U Ụ V W Y Z

Ụụ

Ụba
Thick / Plenty

Ọlụchị nwere **ụba** ntụtụ.
Ọlụchi has **thick** hair.

Ụbọ
Guitar

Amaghị m akpọ **ụbọ**.
I don't know how to play the **guitar**.

Ụbọchị
Day

Taa bụ **ụbọchị** anyị na-aga njem ngagharị
Today is the **day** we will go on our
hiking trip.

A B CH D E F G GB GH GW H I Ị J K KP KW L M N Ń
NW NY O Ọ P R S SH T U Ụ V W Y Z

Ụbụ
Net

Nke a bụ **ụbụ** e ji egbu azụ.
This is the **net** used for fishing.

Ụbụba
Butterfly

Ụbụba a tụrụ agwa.
This **butterfly** is multicoloured.

Ụbụrụ
Brain

Ọtụ a ka **ụbụrụ** mmadụ na-adị.
This is what a person's **brain** looks
like.

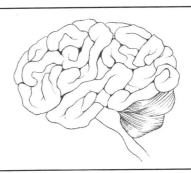

Ụda
Noise

Ọke **ụda** ahụ tụrụ ọnye ọbụla
egwu.
That loud **noise** scared everyone.

A B CH D E F G GB GH GW H I Ị J K KP KW L M N Ń
NW NY O Ọ P R S SH T U Ụ V W Y Z

Ụdara
African star apple

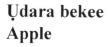

Nkiru ana-aracha **ụdara**?
Is Nkiru eating an **african star apple**?

Ụdara bekee
Apple

Okpubili nyere m otu **ụdara bekee**.
Okpubili gave me one **apple.**

Ụdọ
Rope

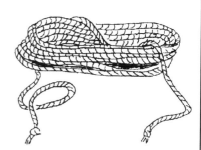

Ụdọ a na anyị arọ.
This **rope** is heavy.

Ụfụ
Pain / Hurt

Ikpere na-afụ Ebube **ụfụ**.
Ebube's knee is **pain**ful.

A B CH D E F G GB GH GW H I Ị J K KP KW L M N Ń
NW NY O Ọ P R S SH T U Ụ V W Y Z

Ụfụfụncha
Soapsuds / Foam / Bubbles/ Lather

Sọmadịna na-asapụ **ụfụfụncha** n'ahụ ya.
Sọmadịna is washing away the **soapsuds**
from his body.

Ụgba
Gourd

A zụtara m **ụgba** a n'ahịa.
I bought this **gourd** from the market.

Ụgbana
Stork

Nwa onye ka **ụgbana** a bu?
Whose baby is this **stork** carrying?

Ụgbọala
Car

Nke a bụ udị **ụgbọala** onye nkuzi anyị
na-anya.
This is the kind of **car** our teacher drives.

A B CH D E F G GB GH GW H I Ị J K KP KW L M N Ń
NW NY O Ọ P R S SH T U Ụ V W Y Z

Ụgbọelu
Aeroplane / Airplane

Anyị ga-eji **ụgbọelụ** gaa Lagos.
We will go to Lagos by **aeroplane**.

Ụgbọgịrị
Pumpkin

Ụgbọgịrị a bukariri ndị ọzọ.
This **pumpkin** is bigger than the others.

Ụgbọibu
Van / Truck

Ụgbọibụ ka eji bute oche ndabere ọhụụ.
A **van** was used to bring the new sofa.

Ụgbọmgbanyuọkụ
Firetruck

Otụ a ka **ụgbomgbanyụọkụ** ochie na-adị.
This is what an old **firetruck** looks like.

A B CH D E F G GB GH GW H I Ị J K KP KW LM N Ń
NW NY O Ọ P R S SH T U Ụ V W Y Z

Ụgbọmmiri
Ship/Boat

Nna ya nwe **ụgbọmmiri** a.
His father owns this **ship**.

Ụgbọndịọrịa
Ambulance

Ụgbọndịọrịa na-agbasi ịke oge ụfọdụ.
Ambulances go quickly sometimes.

Ụgbọnwa
Pushchair / Stroller / Buggy

Nkechi tinyere nwa ya n'ime **ụgbọnwa**.
Nkechi put her baby inside a **pushchair**.

Ụgbọọha
Bus / Coach

Anyị nịịle nọ n'ime **ụgbọọha**.
We are all inside a **bus**.

A B CH D E F G GB GH GW H I Ị J K KP KW LM N Ń
NW NY O Ọ P R S SH T U Ụ V W Y Z

Ụgbọ oloko
Train

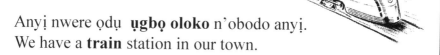

Anyị nwere ọdụ **ụgbọ oloko** n'obodo anyị.
We have a **train** station in our town.

Ụgwọ ọnwa
Salary/ Wages

A kwụọla Kosi **ụgwọ ọnwa** ya.
Kosi has been paid his **salary**.

Ụjọ
Scared / Afraid / Fear

Ezigbo **ụjọ** ji Okwudịlị.
Okwudịlị is really **scared**.

Ụkọchukwu
Priest / Clergy / Pastor

Ụkọchukwu chọrọ ịmalite ọgụgụ ozioma.
The **Priest** is about to start reading the gospel.

A B CH D E F G GB GH GW H I Ị J K KP KW L M N Ń
NW NY O Ọ P R S SH T U Ụ V W Y Z

Ụkpana
Grasshopper

Ụkpana juru na mbụbọ anyị taa.
There are lots of **grassshoppers** in our garden today.

Ụkwara
Cough

Ikenna na-akwa **ụkwara**.
Ikenna is **coughing**.

Ụkwụ
Leg

Ifeanyị weliri otu **ụkwụ** ya.
Ifeanyị lifted one **leg**.

Ụlọahịa
Shop / Store

Ralụchi na nne ya gara **ụlọahịa**.
Ralụchi and his mother went to the **shops**.

A B CH D E F G GB GH GW H I Ị J K KP KW L M N Ń
NW NY O Ọ P R S SH T U Ụ V W Y Z

Ụlọ
House

Uche nọ n'ihu **ụlọ** ya.
Uche is in front of his **house**.

Ụmị
Drinking straw

Nkechi tinyere **ụmị** n'iko ya.
Nkechi put a **straw** in her cup.

Ụkwa
Breadfruit

Aguiyi na-esi **ụkwa** taa.
Mr Crocodile is cooking **breadfruit** today.

Ụtọ / Ụsọ
Sweet / Delicious

Mmanya a dị **ụtọ**.
This drink is **sweet**.

A B CH D E F G GB GH GW H I Ị J K KP KW L M N Ń
NW NY O Ọ P R S SH T U Ụ V W Y Z

Ụlọakịrịka
Hut

Anyị hụrụ **ụlọakịrịka** abụọ n'ime ọbodo.
We saw two **huts** in the village.

Ụlọakwụkwọ
School

Anyị na erukarị **ụlọakwụkwọ** na elekere asatọ.
We usually get to **school** at eight o'clock.

Ụlọakụ
Bank

Mazi Okeke ekweghi etinye ego ya n'**ụlọakụ**.
Mr Okeke refused to put his money in the **bank**.

Ụlọikwu
Tent

Ikuku emebighi **ụlọikwu** m.
The wind didn't destroy my **tent**.

A B CH D E F G GB GH GW H I Ị J K KP KW LM N Ń
NW NY O Ọ P R S SH T U Ụ V W Y Z

Ụlọmkpọrọ
Prison / Jail

E tinyere onye ohi a n'**ụlọmkpọrọ**.
This thief was put in **prison**.

Ụlọnri
Restaurant

Anyị nọ n'**ụlọnri**.
We are at a **restaurant**.

Ụlọ ọgwụ
Hospital / Clinic / Health Centre

Azụbụike nọ n'**ụlọ ọgwụ**.
Azụbụike is in **hospital**.

Ụlọọrụ
Office / Workplace

Nna m nọ n'**ụlọọrụ**.
My father is at the **office**.

A B CH D E F G GB GH GW H I Ị J K KP KW L M N Ń
NW NY O Ọ P R S SH T U Ụ V W Y Z

Ụlọ ụka
Church

Ụlọụka anyị dị ọhụụ.
Our **church** is new.

Ụmụaka
Children / Kids

Ụmụaka ndị a na-egwu egwu.
These **children** are playing.

Ụmụakwụkwọ
Pupils / Schoolchildren / Students

Ha gwara **ụmụakwụkwọ** niile pụta n'ezi.
They told all the **schoolchildren** to come
outside.

Ụmụnne
Siblings (Brothers & Sisters)

Ụzọ na Chinedu bụ **ụmụnne**.
Ụzọ and Chinedu are **siblings**.

A B CH D E F G GB GH GW H I Ị J K KP KW L M N Ń
NW NY O Ọ P R S SH T U Ụ V W Y Z

Ụmụụmụ
Grandchildren / Grandkids

Ha ku **ụmụụmụ** ha.
They are carrying their **grandchildren**.

Ụnyaahụ
Yesterday

Anyị gara ahịa **ụnyaahụ**.
We went to the market **yesterday**.

Ụ́rá / Ụ́lá
Sleep

Nkịta anyị na-arahụ **ụra**.
Our dog is **sleep**ing.

Ụ̀rá / Ụ̀lá
Slap

Chekwube mara Amobi **ụra**.
Chekwube **slap**ped Amobi.

A B CH D E F G GB GH GW H I Ị J K KP KW LM N Ń
NW NY O Ọ P R S SH T U Ụ V W Y Z

Ụrịọm / Nwa ụrịọm
Chick

Ụrịọm a na-acha edo edo.
This **chick** is yellow in colour.

Ụrọ / Ụlọ
Clay

Anene ji **ụrọ** akpụ ite.
Anene is using **clay** to mould
a pot.

Ụsụ
Bat

Ụsụ anaghị ahụ ụzọ ọfụma n'ehihie.
Bats don't see well during the day.

Ụta
Bow & Arrow

Nzenwa nwere **ụta**.
Nzenwa has a **bow and arrow**.

A B CH D E F G GB GH GW H I Ị J K KP KW LM N Ń
NW NY O Ọ P R S SH T U Ụ V W Y Z

Ụtụ
Flour

Ụtụ ọka juru na akpa ajị a.
This sack is full of corn **flour**.

Ụtụtụ
Morning

Bilie! Ụtụtụ eruola!
Get up! It is **morning**!

Ụwa
World / Earth

Ụwa dị okirikiri.
The **earth** is round.

Ụzọ
Door

Ụzọ ahụ kpọchiri akpọchi.
That **door** is locked.

A B CH D E F G GB GH GW H I Ị J K KP KW L M N Ń
NW NY O Ọ P R S SH T U Ụ V W Y Z

Ụzụ / Mkpọtụ
Noise

Oke **uzu** ahụ kụjara Ụkamaka.
The loud **noise** startled Ụkamaka.

Vv

Valangidi / Avarangidi
Blanket

Nwa nọ n'elu **valangidi**.
The baby is on top of the **blanket**.

Vọọ
To comb

Anịoma ji mvo **vọọ** isi ya ụgbu a.
Anịoma used a comb **to comb**
her hair just now.

A B CH D E F G GB GH GW H I Ị J K KP KW L M N Ń
NW NY O Ọ P R S SH T U Ụ V W Y Z

Vuo / Buo
Grow big / Increase

Afọ ha abụọ **evuo**la.
Their tummies have **grown big**.

Vụ
Drizzle

Mmiri na a**vụ** n'ụtụtụ a.
It is **drizzling** this morning.

Ẃaá
Break

Ịko ndasị a a**waa**la.
This glass cup has **broken**.

A B CH D E F G GB GH GW H I Ị J K KP KW L M N Ń
NW NY O Ọ P R S SH T U Ụ **V W** Y Z

Ẁaá
Cut

E ji m mma **waa** ụdarabekee.
I used a knife to **cut** the apple.

Wa nkụ
Cut / Split firewood

Ike agwụla ya o ji a**wa nkụ**.
He is tired of **cutting the firewood**.

Webata
Take inside / Bring into

Nkịta a **webata**ra ọkpụkpụ n'ime ụlọ ya.
This dog **took** a bone **into** its kennel.

Wee anya
Become clearer / Understand

Ihe nne ya na-akọwa e **wee**la ya **anya** ugbu a.
What his mother was explaining has now **become clearer**.

A B CH D E F G GB GH GW H I Ị J K KP KW L M N Ń
NW NY O Ọ P R S SH T U Ụ V **W** Y Z

Wee iwe
Get angry

Ihe ha gwara ya mere ya o **wee iwe**.
What they told him made him **get angry**.

Welie
Raise / Lift up

Onye **welie** aka, ọ zaa ajụjụ.
If anyone **raises** their hand, they will answer the question.

Welite
Pick up

Okezie na-e**welite** okooko ndị dara n'ala.
Okezie is **pick**ing **up** the flowers that fell on floor.

Wepụ
Remove

Ihuọma na e**wepụ** mkpọ ndị dị n'uko.
Ihuọma is **removing** the jars from the shelf.

A B CH D E F G GB GH GW H I Ị J K KP KW LM N Ń
NW NY O Ọ P R S SH T U Ụ V **W** Y Z

Wepụta
Bring out

Ujuakụ na-e**wepụta** achịcha ọ ghere.
Ujuakụ is **bring**ing **out** the bread she
baked.

Werewere
Smooth

Ahụ anyụ mmiri a dị **werewere**.
The body of this watermelon is
smooth.

Weta
Bring / Fetch

Mazị Okwu gwara nkịta ya **weta**ra ya
akwụkwọ ozi.
Mr Okwu told his dog to **fetch** the newspaper.

Wụbanye
Jump into

Ọ na-a**wụbanye** n'ime ọdọ mmiri
dị n'akụkụ ụzọ.
He is **jump**ing **into** the puddle beside the road.

A B CH D E F G GB GH GW H I Ị J K KP KW L M N Ń
NW NY O Ọ P R S SH T U Ụ V **W** Y Z

Wụfee
Jump over / Scale over

Emenike **wụfee** osisi ahụ, ọ merie asọmpi.
If Emenike **jumps over** the sticks, he will
win the competition.

Wụ ụdọ
Skip

Ijeakụ kuziirim ka esi a**wụ ụdọ**.
Ijeakụ taught me how to **skip**.

Wuli elu
Jump up / Bounce up

Towechi na-a**wuli elu** n'akwa nne ya.
Towechi is **jump**ing **up** on his
mother's bed.

Wụnye
Pour into

Biko **wunye** mmiri oroma n'ime iko.
Pour some orange juice **into** a cup,
please.

A B CH D E F G GB GH GW H I Ị J K KP KW LM N Ń
NW NY O Ọ P R S SH T U Ụ V **W** Y Z

Wụọ ahụ
Bathe

Izunna richara nri, **wụọ ahụ**.
Izunna finished eating, then he
had a **bath**.

Wụsa
Spill

Somto **wụsa**ra mmiri n'elu ndokwasa.
Somto **spill**ed water on the table.

Yy

Yaa ahụ
Fall ill / Sick

Ehi a na-a**ya ahụ**.
This cow is **ill**.

A B CH D E F G GB GH GW H I Ị J K KP KW L M N Ń
NW NY O Ọ P R S SH T U Ụ V **W** Y Z

Yabasị / Alụbasa / Ayịm
Onion

Yabasị odo odo ka m ji esi nri.
I use purple **onions** in cooking.

Yee
Fry

Nchedo gwara m **yee** akwa.
Nchedo told me to **fry** an egg.

Yee
Bake

Adamma na-akọwa ka o sị **yee** achịcha.
Adamma is explaining how she **baked**
bread.

Yị
Accompany / Going together

Ha niile **yi** aga akwụkwọ.
They are all going to school **together**.

A B CH D E F G GB GH GW H I Ị J K KP KW L M N Ń
NW NY O Ọ P R S SH T U Ụ V W Y Z

Yie
Slice

Ụba tụghariri, mma **yie** ya n'aka.
Ụba turned, and the knife **sliced** his hand.

Yie akwa
Lay egg

Nnụnụ e**yie**la akwa atọ n'akwụ a.
A bird has **laid** three eggs in this nest.

Yie egwu
Frighten / Scare

Nkịta a chọrọ **iyi** Kachi **egwu**.
This dog wants to **frighten** Kachi.

Yipu
Take off / Remove

Nwa a na-e**yipu** akpụụkwụ ya.
This baby is **taking off** his shoe.

A B CH D E F G GB GH GW H I Ị J K KP KW L M N Ń
NW NY O Ọ P R S SH T U Ụ V W Y Z

Yiri
Resemble / Look alike

Ụmụ ejịma a **yiri** onwe ha.
These twins **look alike**.

Yiwe
Put on clothes / Dress

Zikọra na-e**yiwe** onwe ya uwe.
Zikọra is **puting on** his **clothes** by himself.

Yọọ
Sift / Winnow

Ụzọamaka a**yọọ**la ụtụ ọ ji esị ọkpa.
Ụzọamaka has **sift**ed the flour that she will use to cook bambara pudding.

Yọọ
Sag

Ụbụ anyi ji akụ bọọlụ nkata a**yọọ**la.
The net we use in playing basketball has **sag**ged.

A B CH D E F G GB GH GW H I Ị J K KP KW L M N Ń
NW NY O Ọ P R S SH T U Ụ V W Y Z

Yọọ
Beg

Okechi sekpuru ala, **yọọ** onyeisi biko.
Okechi knelt down, and **beg**ged the
boss.

Żaá
Sweep

Zelụnjọ sị m **zaa** ezi.
Zelụnjo told me to **sweep** the compound.

Źaá
Answer

Ọgụgụa weliri aka ka ọ **zaa** ajụjụ.
Ọgụgụa raised his hand to **answer**
the question.

A B CH D E F G GB GH GW H I Ị J K KP KW L M N Ń
NW NY O Ọ P R S SH T U Ụ V W Y Z

Zara aza
Swollen

Imi Okafor **zara aza**.
Okafor's nose is **swollen**.

Zee
Avoid / Dodge / Duck

Ọ rịbara n'okpuru nkume, ka ọ **zee**
mmiri ozuzo.
He crawled under a rock, to **avoid** the rain.

Zi
Show

Ogechị chọrọ ka Obi **zi** ya ịhe ọ gba n'aka.
Ogechi wants Obi to **show** her what he's
wearing on his wrist.

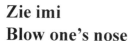

Zie imi
Blow one's nose

Nonye kwụrụ ọtọ, **zie imi** ya.
Nonye stood up, and **blew** her **nose**.

A B CH D E F G GB GH GW H I Ị J K KP KW L M N Ń
NW NY O Ọ P R S SH T U Ụ V W Y **Z**

Zie ozi
Deliver a message

Awọ chọrọ ka ọ **zie ozi** e ziri ya ọfụma.
Frog wanted to **deliver** the **message** he
was given properly.

Zitere
Sent

Nneochie ahụla leta e **ziteere** ya.
Grandmother has seen the letter that
was **sent** to her.

Zọnyere
Stepped into

Mazi Nwosu **zọnyere** ụkwụ n'ihe na
anya anya.
Mr Nwosu **stepped into** something sticky.

Zọnye
Plant seedling

Ka m **zọnye** ome a dị m n'aka.
Let me **plant** this **seedling** in my hand.

A B CH D E F G GB GH GW H I Ị J K KP KW L M N Ń
NW NY O Ọ P R S SH T U Ụ V W Y **Z**

Zoo
Hide

Kene nụrụ ụda, wee **zoo** n'okpuru
ndokwasa ya.
Kene heard a loud noise, and **hid** under his desk.

Zọpịa
Trampled on / Crushed with the foot

Kedu onye **zọpịa**ra akpụụkwụ ọcha m?
Who **trampled on** my white boots?

Zọpụta
Rescue / Save

Kedụ onye ga-a**zọpụta** Ikem?
Who will **rescue** Ikem?

Zùó
Enough

Akara a nwere ike **zuo** onye
ọbụla.
These beancakes might be **enough** for everybody.

A B CH D E F G GB GH GW H I Ị J K KP KW LM N Ń
NW NY O Ọ P R S SH T U Ụ V WY **Z**

Źuó
Steal

Oge amaghị mgbe e jiri **zuo** akpa ya.
Oge didn't know when her bag was
stolen.

Zuo ike
Rest

Okeọma sichara nri, wee pụta n'ezi ka
o **zuo ike**.
Okeọma finished cooking, and has come outside to **rest**.

Zute
Meet

Anyị bịara i**zute** ụmụnne anyị si ofesi.
We came to **meet** our relatives that
came from abroad.

Zụta
Buy

Ikechi **zụta**ra akpụụkwụ taa.
Ikechi **bought** shoes today.

A B CH D E F G GB GH GW H I Ị J K KP KW L M N Ń
NW NY O Ọ P R S SH T U Ụ V W Y **Z**

Ahụ Mmadụ - The Human Body

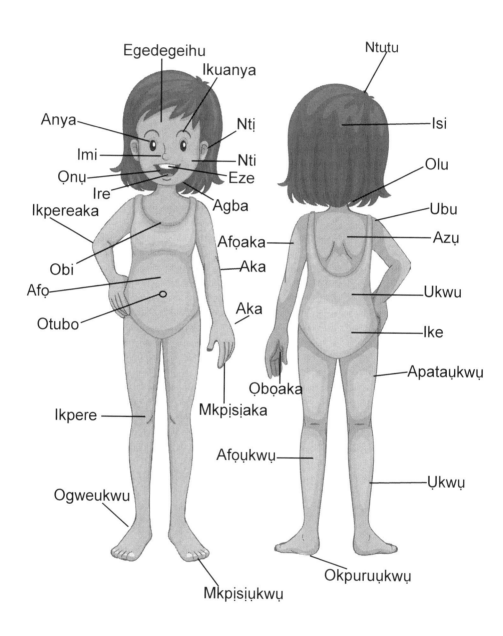

Agba - Colours

Igwe igwe / Anya aturu
Blue

Anyị niile yi akpụkpụkwụ na-acha
igwe igwe.
We are all wearing **blue** shoes.

Ire ire
Pink

Okpu m nwere okooko **ire ire**.
My hat has **pink** flowers.

Ọcha
White

Biko webata uwe **ọcha** m.
Please bring my **white** dress
inside.

Aja aja
Brown

Akwụkwọ mmachi a na-acha **aja aja**.
This wrapping paper is **brown**.

Odo odo
Purple

Mpempe akwa a na-acha **odo odo**.
This piece of cloth is **purple**.

Mmee mmee / Ọbara ọbara
Red

Adanna zụtara uli **ọbara ọbara**.
Adanna bought **red** ink.

Edo edo
Yellow

Ngwa nri Obi na-acha **edo edo**.
Obi's cutlery is **yellow**.

Ndụ ndụ
Green

Ime ube oyibo na-acha **ndụ ndụ**.
The inside of an avocado pear is **green**.

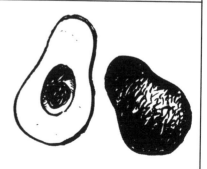

Ntụ ntụ
Grey

Biko nye m ọkụ **ntụ ntụ** ahụ.
Please give me that **grey** bowl.

Pọpọ pọpọ / Nchara
Orange

Ị hụrụ ịchafụ na-acha **pọpọ pọpọ**?
Have you seen an **orange** scarf?

Ọla edo
Gold

Mbọ aka m na-acha **ọla edo ọla edọ**.
My finger nails are **gold** in colour.

Ọla ọcha
Silver

A zụtara m ọhụ achịcha **ọla ọcha ọla ọcha**.
I bought a **silver** toaster.

Ojii
Black

Anyị hụrụ arụrụ **ojii** atọ.
We saw three **black** ants.

Tụrụ agwa
Multicoloured

Akwa a **tụrụ agwa**.
This cloth is **multicoloured**.

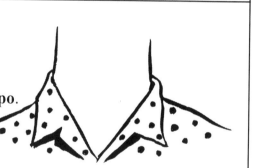

Ntụpọ
Spotted / Polkadots

Nnenna yi uwe **tụpọrọ atụpo**.
Nnenna is wearing a
spotted dress.

Nkawa
Striped

Okenwa yi ịba nta **kawara akawa**.
Okenwa is wearing **striped** shorts.

Ọnụọgụgụ - Numbers (Cardinal)

1	Otu	200	Narị abụọ
2	Abụọ	300	Narị atọ
3	Atọ	400	Narị anọ
4	Anọ	500	Narị ise
5	Ise	508	Narị ise na asatọ
6	Isii	620	Narị isii na iri abụọ
7	Asaa	1,000	Otu puku
8	Asato	2,000	Puku abụọ
9	Iteghete	3,000	Puku atọ
10	Iri	4,002	Puku ano na abụọ
11	Iri na otu	5,400	Puku ise na narị ano
12	Iri na abụọ	10,000	Puku iri
13	Iri na atọ	100,000	Puku Narị
14	Iri na anọ	1,000,000	Nde
15	Iri na ise	2,000,000	Nde abụọ
16	Iri na isii	1,000,000,000	Ijeri
17	Iri na asaa	7,000,000,000	Ijeri asaa
18	Iri na asatọ		
19	Iri na iteghete		
20	Iri abụọ		
21	Iri abụọ na otu		
22	Iri abụọ na abụọ		
23	Iri abụọ na atọ		
30	Iri atọ		
40	Iri anọ		
50	Iri ise		
60	Iri isii		
70	Iri asaa		
80	Iri asatọ		
90	Iri iteghete		
100	Nari		

Ordinal Numbers

1st	Nke mbụ
2nd	Nke abụọ
3rd	Nke atọ
4th	Nke anọ
10th	Nke iri
20th	Nke iri abụọ

Oge - Time

Nguoge / Elekere	Clock
Elekere	O'clock
Nkeji	Minute
Ụtụtụ	Morning
Ehihie	Noon
Mgbede / Uhuruchi	Evening
Abalị / Uchichi	Night

Elekere mbụ	One O'clock
Elekere abụọ	Two O'clock
Elekere atọ	Three O'clock
Elekere anọ	Four O'clock
Elekere isii	Six O'clock
Elekere iri	Ten O'clock
Elekere iri na abụọ	Twelve O'clock

Elekere asaa nke ụtụtụ	7.00am
Elekere isii nke mgbede	6.00pm
Elekere iri na abụọ nke ehihie	12 noon
Elekere iri na abụọ nke abalị	12.00 midnight

5 O'clock	Elekere ise
5.01	Otu nkeji ka o ji gaa elekere ise
5.02	Nkeji abụọ ka o ji gaa elekere ise
5.03	Nkeji atọ ka o ji gaa elekere ise
5.15	Nkeji iri na ise ka o ji gaa elekere ise
6.45	Nkeji iri na ise ka ọ fọrọ ka elekere asaa kụọ

Azuokwu / Nghaokwu - Opposites

Ogologo : Tall / Long
Mkpumkpu : Short

Nnukwu : Big
Obere / Obele : Small

Elu : Above / On top
Okpuru : Below / Under

Akanri : Right
Akaekpe : Left

Ocha : White
Oji : Black

Dere ede : Wet
Kporo nku / Koro ako : Dry

Juru : Plenty / Lots
Koro : Lacking / Scarce

Welie : Raise
Wetuo : Lower

Mechie : Close
Meghee : Open

Kwuru oto : Stand up
Nodu ala / Noro ala : Sit down

Kwaa aka / Nuo : Push
Doo aka / Doro : Pull

Oyi : Cold
Oku : Hot

Ochie : Old
Ohuu : New

Buru ibu : Is fat
Tara ahu / Rigirigi : is thin

Gbanye : Switch on
Gbanyuo : Switch off

Mara mma : Is pretty
Joro njo : Is ugly

Eziokwu : Truth
Asi : Lie

Uto : Sweet
Ilu / Inu : Bitter

Oto / Kwu oto : Straight
Gbagoro agbago : Crooked

Ime : Inside
Ezi / Ilo : Outside

Ghasaa : Scatter
Chikota : Collect / Gather

Siri ike / Fiara ahu : Difficult
Di mfe : Easy

Did You like this Dictionary?

If you did, you will love the extended video version of this dictionary which is made up of mini videos for every word and sentence featured in this dictionary.

These mini videos will show your child how to pronounce each word and sentence in this dictionary. The other words in the sample sentence are also colour coded so that you can understand what the other words actually mean.

Armed with these videos, children will start saying each word and sentence correctly in no time. You can play the videos over and over again until they can speak Igbo perfectly well.

The extended videos are an indispensable tool and a perfect companion to this dictionary.

Go to the link below to order the video version of this dictionary.

www.LearnIgboNow.com/extended

Yours FREE!

54 EASY-TO-LEARN VIDEO FLASHCARDS

Flashcards are a time tested way to learn anything.
Video flashcards enable you hear the word being pronounced, see both the image as well as the word. These video flashcards have the following features :

1. 54 names of everyday items in Igbo and English.
2. 54 clear and colourful photos with clear audio
3. Brilliant for building up your child's Igbo vocabulary. These video flashcards will help your child learn how to say each word properly. Get free access to the flashcard videos at

www.LearnIgboNow.com/dflashcards

"This is one book I wish I had when my children were younger. It is a superb reference book for children to help them learn Igbo. The dictionary is well illustrated and has useful sample sentences within its pages. Well done!"
Lady Bridget Akazie (BB)
Founder/Grand Patron, Umuada Igbo Organization USA

"As a father of biracial children, having this book earlier would have made life easier and less frustrating when I started teaching my children Igbo. Definitely a five star from me."
Harrison Okekeh, London, UK

"Fantastic work! This is the 'START HERE' book I recommend to everyone interested in their child learning Igbo. An amazing resource of everyday words and sentences they need to start them on their Igbo learning journey."
Joshua Chukwuemeka Kwentoh, London, UK

"This dictionary is not only relevant but timely. Taa bụ gboo. It is an important contribution to ensuring that the Igbo language is revived. Igbo biri oo!!"
Chika Unigwe, Georgia, USA

"A contemporary Igbo dictionary much needed to cover terms which don't exist in the more traditional forms. A major step in the right direction ."
Chikodili Emelumadu, London, UK

Image Acknowledgements:
The illustrations used in this dictionaryas well as the cover are from the following firms : www.iclipart.com, www.sil.org, www.clipart.com, www.cartoonworks.com